人生がときめく片づけの魔法

改訂版

近藤麻理恵
Marie Kondo

河出書房新社

はじめに

この本は、**「一度片づけたら、絶対に元に戻らない方法」**を書いた本です。

そんなことはありえない。

そう思うのも無理はありません。

なぜなら、片づけたいと思っている人のほぼ全員が、一生懸命片づけても、しばらくすると結局は散らかってしまう、いわゆる「リバウンド」に悩まされているからです。

そんなあなたにお伝えしたいことがあります。

まずは、「捨てる」を終わらせてください。そして、**一気に、短期に、完璧《かんぺき》に**片づけてください。これを正しい手順で行うのです。そうすると、絶対に元の散らかった状態に戻ることはありません。

私の教える片づけ法は、これまでの整理・整頓《せいとん》・収納術の常識からすれば、かなり

非常識です。ところが、私の個人レッスンを受けて卒業した人は全員が、きれいな部屋をキープしつづけているのです。そして、その結果、さらに驚くべきことが起きています。それは、片づけをしたあと、**仕事も家庭も、なぜか人生全般がうまくいきはじめるのです。じつはこれが、人生の八割以上を片づけに費やしてきた私の結論でもあります。**

「そんなにうまい話、あるわけがない」

たしかにその通りです。いらないモノを毎日一つずつ捨てたり、部屋をほんのちょっと片づけたりしたくらいでは、じつはたいした効果はありません。

でも、片づけのやり方しだいでは、私たちの人生に計り知れない影響がある。それが「片づけ」というものなのです。

私は、五歳のときに主婦向けの生活雑誌を読みはじめたことをきっかけに、一五歳から本格的に片づけの研究を始め、一九歳から片づけコンサルタントとして活動を始めました。それ以降、人生を通して「片づけが苦手な人」「片づけてもすぐにリバウンドしてしまう人」「片づけたいけどどうしていいかわからない人」たちに対して、片づけを指導することを仕事にしています。

これまで私のお客様が手放してきたモノの数は、洋服や下着から、写真やボールペン、雑誌の切り抜き、化粧品の試供品といった細かなモノまで含めれば、おそらく一〇〇万個を軽く超えるのではないかと思います。これはけっして誇張していっているのではありません。人によっては四五リットル用のゴミ袋で二〇〇袋を超えるモノを手放す現場に立ち会ってきました。

このように、私自身が片づけについて真剣に向き合ってきた経験と、たくさんの「片づけられなかった人」たちを「片づけられる人」に導いてきた経験から、自信を持っていえることが一つあります。それは、**家の中を劇的に片づけると、その人の考え方や生き方、そして人生までが劇的に変わってしまう**ということです。

「片づけで人生が変わるなんて、大げさな……」と思われるかもしれませんが、本当です。

「子どもの頃《ころ》からの夢に気づき、会社を辞めて、なんと起業しちゃいました」

「ずっと迷っていたけれど、離婚に踏み出しました」

「会いたいと思っていた人から、なぜか連絡がくるようになりました」

「自分に自信が持てるようになって、いつでも心がおだやかです」

「夫婦の仲がなぜかよくなりました」
「今あるモノを捨てるだけで、こんなにも自分自身が変われることに驚いています」
「なぜか三キロやせました」

これらは毎日のように私のお客様から寄せられてくる声の一例です。それはもう、本当にうれしそうに報告してくれます。では、なぜ家の中を片づけると、このように考え方や生き方が、つまりはその先の人生までもが変わってしまうと思いますか。

詳しくはおいおいお話しいたしますが、**ひと言でいうと、片づけをしたことで「過去に片をつけた」から。その結果、人生で何が必要で何がいらないか、何をやるべきで何をやめるべきかが、はっきりとわかるようになるのです。**

このように私たちの人生に素晴らしい効果をもたらしてくれる「片づけ」ですが、多くの方は片づけについて「むずかしいもの」「片づけても、そのうち元に戻るのがあたりまえ」と漠然と考えているのではないでしょうか。

ここで、そもそもどうして片づけは「むずかしい」のか、ということについて考えてみましょう。

本来、片づけという行為は、あっちのモノをこっちに移動する、こっちのモノをあの棚に収納するという単純作業の連続です。することだけで考えれば、けっしてむずかしいことではありません。それができない、もしくは片づけても元に戻ってしまうというのは、そもそも習慣を継続できなかったり、意識の問題だったり、つまり精神面(マインド面)に原因があるのです。

つまり、**「片づけはマインドが九割」なのです。**これを抜きに、どんなにモノをたくさん捨てたり、収納に工夫を凝らしたりしたところで、元から片づけが得意な人以外は、いつか必ずリバウンドがやってきます。

では、正しいマインドを身につけるにはどうしたらよいのか。これを解決する方法はただ一つ。逆説的ですが、正しいノウハウで片づけることです。ですから、**これからお伝えする片づけ法は、いわゆる物理的な整理収納ノウハウだけではなく、片づけにおける正しいマインドを身につけ、あなたが「片づけられる人に変わるための方法」**だということを心に留めておいてください。

もちろん、これまで私のレッスンにお越しいただいた方全員が一人残らず片づけが完璧にできるようになったわけではありません。残念ながらさまざまな理由で途中からお越しいただけなくなり、「卒業」とならなかった方もいました。その中には少なからず、家事代行サービスと同じような感覚で「片づけをしてもらう」ものだと思って来られた方がいたのも事実です。

「片づけのプロ」であり、「片づけオタク」を自負する私があえて断言しますが、私がどれほど頑張って誰かの部屋を片づけても、モデルルームのような完璧でぴったりの収納を組み立てても、本当の意味でその人の家を片づけることはできません。ファイリング法や収納法などのノウハウはもとより、本当に大事なのはその人自身の生活に対する意識や考え方であり、「何に囲まれて生きたいか」というきわめて個人的な価値観だからです。

「いつでも片づいた心地よい部屋で、快適で幸せに過ごしたい……」

人は誰でも、そう思いながら暮らしています。また、一度でも部屋をきれいに片づけたことのある人なら、「この片づいた状態を、どうにかキープしていたい」と思ったことがあるはずです。

ところが、多くの人は同時に、「そんなこと、できるわけがない」と考えているのではないでしょうか。これまで何度もいろいろな片づけ法を試してみた。けれど、しばらくすると、いつも元通り……。

でも、私は自信を持って、断言したいと思います。

「誰にでも、片づいた部屋を維持することは可能です」と。

もちろんそのためには、これまで信じてきた片づけに関する考え方や習慣を大いにあらためてもらう必要があります。こういうとなんだかたいそうなことのようで腰が引けてしまう方もいるかもしれませんが、だいじょうぶ。この本を読み終わる頃には、おそらくあなた自身、すっかりその気になっているはずです。

よく「私はB型で面倒くさがりだから、片づけられない」とか「時間がないから、しかたない」という声を聞くことがありますが、**片づけられないのは遺伝のせいでも時間が足りないせいでもありません。**これまで常識とされていた、たとえば「部屋ごとに順番に片づけていく」「一気に片づけるとリバウンドするので、毎日少しずつ片づける」「収納は行動動線を考えて組み立てる」といった、片づけに関する数々の間違った認識が積み重なった結果ともいえるのです。だから今、「正しい片づけ法」をあらためて学ぶことが必要なのです。

人は誰でも、完璧な片づけを一度でも体験すると、人生がときめくような感覚を覚えます。そして、「片づけたあと」に人生がドラマチックに変化していくのを実感します。

そうすると、もはや二度と元の散らかった状態に戻れなくなるのです。

これを私は、**「片づけの魔法」**と名づけました。

この「片づけの魔法」効果は絶大です。一度片づけたら、絶対に元に戻らないばかりか、新しい人生のスタートが簡単に切れるのです。

一人でも多くの人に、この魔法を手に入れてほしいと願っています。

人生がときめく片づけの魔法 改訂版

目次

第1章　片づけても、片づけても、片づかないのはなぜ？

第2章　まずは「捨てる」を終わらせる

第3章 「モノ別」に片づけるとこんなにうまくいく

第4章 人生が輝く「ときめき収納レッスン」

第5章　人生がドラマチックに変わる片づけの魔法

ブックデザイン：石間淳
イラストレーション：谷山彩子

第1章
片づけても、片づけても、片づかないのはなぜ?

片づけを習ったことがないから、片づけられない

「片づけのレッスンをしています」

私が仕事について話をすると、皆さん、たいてい目を丸くして「そんなお仕事、成り立つんですか?」と驚きます。そして、「そもそも片づけって、習うものなの?」と続けるのです。

最近でこそ、習い事のジャンルはどんどん広がり、「座禅教室」や「ボルダリングジム」ようなマニアックな教室にならんで、片づけを教える教室も見かけるようになりましたが、数年前まではそんな習い事は皆無。習い事といえば「料理教室」や「着付け教室」などのオーソドックスなものばかりで、片づけを習ったり、ましてや片づけにお金を使うだなんて価値観はゼロに等しかったのです。

その背景には、日本の片づけに対する伝統的な考え方が関わっています。それは、「片づけは習うものではなく慣れるもの」というもの。

家庭料理では、「わが家の味」「佐藤家秘伝のカレー」といわれるように、おばあちゃんからお母さんへ、またその娘へと、伝統のワザが伝わる風習があるのに対し、**同じ家事でも片づけは、「わが家秘伝の片づけ法」などとあえて伝えられたという話は、まず聞きません。**

子どもの頃《ころ》を思い出してみてください。両親から、「片づけなさい！」と怒られこそすれ、その方法を躾《しつけ》としてあらためて教えられた、という人は少ないのではないでしょうか。ある調査によると、「片づけについて、理論的に習ったことがある」という人はじつに〇・五％以下。そもそも、その躾をする両親ですら、片づけについて正しく教わったことがないのです。

つまり、ほとんどの人が、自己流で片づけをしていることになります。

家庭の中だけではなく、教育の場においても片づけはあまり重視されずにきました。「家庭科の授業というと、どんな場面が思い浮かびますか」と聞かれると、グループでワイワイいいながらハンバーグをつくった調理実習や、慣れないミシンでエプロンをつくった裁縫実習の風景を思い浮かべる方が多いのではないでしょうか。

実際、小・中学校の家庭科の教科書で片づけについて割かれている割合は、料理や衣服に比べると、驚くほど低いという事実。しかもその少ない分量の教科書でさえ、授業では順番に音読して終わりだったり、ひどいときは「ここは各自読んでおいてくださいね」などといわれ、あっさりとみんなが大好きな「食の大切さ」までページが飛ばされたり、という惨事《さんじ》がたびたび起きていたという話もあります。

そんな状態ですから、まれに出会う「片づけを学んだことがある」という家政学科出身の方でさえ、「片づけられない」のです。

「衣食住」という言葉があるように、家に住むことは、食べること、着ることと同じように大事なもののはずなのに、住を支える大事な要素である片づけがこれほどまでにないがしろにされてきたのは、やはり「片づけは、習うものより慣れるもの」だという意識が日本人の中で浸透しているからでしょう。

では、片づけに慣れている、つまり片づけに取り組んでいる年数が長ければ長いほど「片づけられる」ようになるかといえば、そうではありません。

じつは私のレッスンにいらっしゃる方の二五％が五〇代の女性。その多くが、三〇年近く専業主婦をされてきた「家事のベテラン」です。では、そういう方が二〇代の方より片づけられているかといったら、むしろその逆。世間で常識とされる間違った片づけ法を続けてきたばっかりに、余計なモノを持ちすぎていたり、無理のある収納法で苦労されていたりするケースが多いのが現状です。

これまで、正しい片づけ法をあらためて学んだことがなかった。つまり、「片づけられない」のは、誰であろうとむしろ当然のことなのです。

でも、落ち込む必要はありません。これからは、片づけは正しい方法を習う時代。私といっしょに正しい片づけについて学び、実践していけば、誰でも「片づけられない地獄」から脱出することができます。

「一気に片づけるとリバウンドする」にだまされないで！

「気づいたときに一気に片づけるのですが、しばらくすると、ごちゃごちゃした部屋に元通り……。リバウンドしてしまいます」という悩みに、「一気に片づけるとリバウンドするので、少しずつ片づけ習慣をつけていきましょう」の答え。雑誌でよく繰り広げられるこの定番の問答を初めて知ったのは、私が五歳のときでした。

私は三人きょうだいの真ん中で、三歳以降はわりと自由に育てられました。母は妹が生まれてから彼女の世話にかかりきり。二つ上の兄はテレビゲームが大好きでいつもテレビ画面にかじりつき、私は家にいるとき一人で過ごすことがほとんどだったのです。

そんな私の一番の楽しみは、主婦向けの生活雑誌を読むことでした。母が定期購読していた「ESSE」（エッセ）を、郵便受けに届くなり母より先に包装を破ってむさぼり読む。小学校の帰りみちに本屋に寄れば、同世代の子どもが集まる漫画エリアは華麗にスルーし、向かうは生活誌の新刊コーナー。

文字が充分に読めていたわけではないけれど、おいしそうな料理やお菓子の写真、驚くほど油汚れが落ちる裏ワザ、一円単位で勝負する節約術など、生活の知恵がぎっしり詰まった雑誌は、兄にとってのテレビゲームの攻略本のようなもの。お気に入りのページの端を三角にペロンと折っては、「この裏ワザをいつ試そうか」と想像をめぐらし、来る日も来る日も、家の中で「一人遊び」にいそしむ毎日でした。

節約特集を読んでは、電気料金の仕組みもわからないのに、「節電ゲーム」と名づけて使っていない電化製品のコンセントを抜いてみたり、お風呂やトイレのタンクにペットボトルを入れて「一人節水コンテスト」を開催したり。収納特集を読んでは、牛乳パックを使って引き出しの中の仕切りをつくったり、家具と家具のすき間にビデオテープのケースをつなげてつくったラックをかけてみたり。また、**小学校の休み時**

間でさえ、みんなで遊ぶドッジボールや縄跳びをこっそり抜けて、教室の本棚の本をせっせと並べ替えたり、廊下に置いてある掃除用具入れの中身をチェックしては「ここはS字フックがあったほうが使いやすいのにな」なんて、収納のダメ出しを勝手にしたりしている小学生でした。

けれど、私にはどうしても越えられない悩みが一つありました。どこを片づけても、しばらくすると元の状態に戻っているのです。牛乳パックでつくった仕切りからは文房具があふれ、ビデオテープでつくったラックは郵便物でパンパンになり、いつの間にか崩壊して床にむなしく落下。**同じ家事でも、料理や裁縫は、やればやった回数だけだんだん上手にできるようになるのに、片づけだけは何回やってもうまくならない。いつも、振り出しに戻ります。**

「でも、しかたない。片づけはリバウンドするものなのだから」

「一気に片づけても、リバウンドしてしまうみたいだし」

こう自分に言い聞かせていました。初めて目にした五歳以降も、雑誌で片づけ特集があるたびに、「一度片づけてもまた元に戻る」問題を何度となく目にしていて、私にとって「片づけのリバウンド」はあたりまえになっていたのです。

もしもタイムマシンがあるのなら、当時の私にいいたいことがひと言あります。

「その考えは、大間違い」。なぜなら、正しい片づけ法を実践すれば、リバウンドは絶対、しないものだからです。

まず、リバウンドというとまっさきに「ダイエットのリバウンド」を思い浮かべる人が多いのではないでしょうか。なんとなくダイエットのリバウンドと同じように「一気に片づけるとリバウンドする」といわれると妙に納得してしまいますが、この言葉に惑《まど》わされてはいけません。

部屋は、あっちの家具をこちらに移動したり、ゴミを減らしたりすれば、その瞬間、変化を起こします。なぜなら片づけという作業自体は物理的なものだからです。

一気に片づけると、部屋は一気に片づく。

あたりまえで単純なことです。

では、なぜ、一気に片づけるとリバウンドする人がいるのか。それは、本人は一気に片づけたつもりでも、じつは中途半端に整理・整頓《せいとん》・収納しただけだからです。正しい方法で片づければ、どんなに面倒くさがりやでズボラな人であっても、きれいな部屋をキープできるということを知っておいてください。

「毎日少しずつの片づけ習慣」では一生片づかない

「一気に片づけるとリバウンドするので、少しずつ片づけ習慣をつけていきましょう」

この一見魅力的な考えについて、前半の「一気に片づけるとリバウンドする」というのが間違いなのはわかりました。では、後半の「少しずつ片づけの習慣をつけていきましょう」という提案はどうでしょう。なんとなく信頼できそうな気がしませんか。

でも、だまされてはいけません。

片づけの習慣を少しずつ身につけていこうとするから、いつまでたっても片づけられないままなのです。

長年染みついてきた生活習慣を変えるのは、多くの人の場合、簡単ではありません。これまで片づけようと思いながらも片づけられなかった人が、片づけの習慣を少しずつ身につけるのはほぼ不可能と考えたほうがいいでしょう。

なぜなら、意識を変えないかぎり、人は習慣を変えられないからです。とはいえ、「意識を変える」のは言葉でいうほど簡単ではなく、自分ではなかなかコントロールできないのがむずかしいところ。

でも、じつをいうと、ある方法をとることで、人は片づけについての意識を劇的に変えることができるのです。

私が片づけに本格的に目覚めたのは中学生のときです。『「捨てる!」技術』(辰巳渚著、宝島社新書)という本を読んだのがきっかけでした。下校途中にその本を読んでいた私は、その内容に衝撃を受けました。そこには、今まで読んだどんな雑誌にも書かれていなかった「捨てる」ことの大切さが書いてあったからです。

読書に熱中しすぎて、うっかり電車を乗り過ごしそうになりつつあわてて帰宅し、ゴミ袋を手に自分の部屋にこもること数時間。五畳半の部屋から出てきたのは、ゴミ袋八袋以上のモノたちでした。着なくなった洋服から、小学生のときの教科書、子どもの頃のおもちゃ、集めていた消しゴムやシールなど、そのほとんどが持っていることすら忘れてしまっていたようなモノばかり。

「今まで自分は、どうしてこんなにいらないモノをため込んできたんだろう」と、**半透明のゴミ袋の山が積まれた部屋の真ん中で、体育座りになって一時間くらい動けず**

にいました。

何よりもショックだったのは、部屋の風景がまったく変わってしまったことです。たった数時間の作業なのに、今まで見たことのない部分の床が出現して、まるで別の部屋のよう。漂う空気も明らかに軽くなって、なんだか心の中までクリアになった気がしました。

「片づけって、私が考えていた以上に、ものすごい行為なのかもしれない」

あまりの変化を前にして雷に打たれたような衝撃を受けた私は、その日を境にそれまで花嫁修業のつもりで取り組んできた料理や裁縫やその他の家事もそこそこに、片づけに没頭する人生を歩みはじめたのでした。

片づけは目に見える形で必ず結果が表れます。**片づけはウソをつきません。**だから、私がお伝えしている片づけの極意は、**「片づけの習慣を少しずつつける」のではなく、「一気に片づけることで、意識の変化を劇的に起こす」**ことにあります。先に感情に訴えかけるくらいの劇的な変化を経験し、そのインパクトでもって意識が突然変わり、生活習慣がいやおうなく変わっていくのです。

実際、私のお客様も、片づけ習慣が少しずつついていくのではありません。**一気に片づけをしたその日から、誰もが片づけられるようになるのです。**

そのためにもやっぱり片づけは、一気にやらなければいけません。これがリバウンドしない片づけ法の最大のポイントの一つです。

片づけても片づけてもリバウンドするのは、お部屋やモノではなく、片づけようとする人自身の考え方だけです。つまり、「片づけしよう」とやる気になっても継続できない、やる気の炎が消えてしまう。その原因は、結果が目に見えないこと、効果が実感できないことにあるのではないでしょうか。

だから片づけを成功させるには、正しい方法で、短期間のうちに、確実に効果を上げることが必要となります。

一気に正しく片づける。すると結果がすぐに見える。だから、続けられるし、片づいた状態がずっと維持できる。このプロセスを経験することで、**たとえ誰であっても二度と散らかった部屋に戻るまいと心の底から思うのです。**

「完璧を目指さない」の大いなる落とし穴

「完璧《かんぺき》を目指さず、ゆるーく片づけを始めましょう」

「一日一個、モノを捨てましょう」

片づけに不安を持つ人の心をほぐす、なんて素敵なフレーズなのでしょうか。片づけの研究を始めてからというもの、日本で刊行されたありとあらゆる片づけ本を読みあさっていたときに出会った言葉です。片づけに目覚めた当初の勢いが多少落ち着き、最近どうにも効果が停滞してきたな、とそろそろ疲れが出はじめた私は、まんまとこのワナにはまってしまったわけです。

最初から完璧を目指そうとすると心が重くなるし、そもそも完璧に片づけなんてできるはずがない。たしかに本に書いてある通り、一日一個モノを捨てれば、一年で三六五個も捨てられるわけです。いい方法を見つけたと、さっそく本の通りに「一日一個モノ捨て片づけ法」を始めました。

朝起きたとき、今日は何を捨てようかなと、クロゼットをのぞきます。「ああ、このTシャツはもう着ないな」と心の中でつぶやいてそのTシャツをゴミ袋に入れます。次の日は、夜寝る前に机の引き出しの中をのぞきます。そして、「このノートはもう子どもっぽいかしら」と、そのノートをゴミ袋へ入れます。と同時に、「そういえば、このメモ帳ももういらないかも」と隣のメモ帳をゴミ袋に入れようとして手を止めます。「あ、そうだ、これを『明日の一個』にすればいいんだ」。一日待って、次の日の朝にようやくメモ帳はゴミ箱へ。その次の日は、夜も朝もうっかり「今日の一個」を忘れてしまい、その次の日にまとめて二つ、捨てました……。

正直にいいます。二週間も続きませんでした。じつは、私はまったくマメなタイプではありません。一日一個モノを捨てましょうといわれても、私のようなせっかちでコツコツ努力できない人間にはむずかしい。夏休みの宿題を最後の一日にあわてて一気にすませるタイプの人間です。しかも、一日一個モノを捨てたところで、買い物するときはわりと一気にしてしまうので、それ以上のペースでモノは増えていきます。そうなるとモノはなかなか減らず、いつまでたっても中途半端なまま片づかないお部屋にうんざりして、そのうち「一日一個ルール」は忘れ去られてしまうのです。

自信を持っていいますが、中途半端に片づけをしても、一生片づけられるようになりません。もしあなたがマメで辛抱《しんぼう》強くてコツコツできるタイプではないのなら、一度でいいから「完璧」に片づけてしまうことをおすすめします。

「完璧」と聞くと、「それは無理です」と身構えてしまう人も多いかもしれませんが、心配はいりません。なぜなら、片づけはしょせん物理的な作業だからです。

片づけでやるべきことは大きく分けて、たった二つしかありません。「モノを捨て

るかどうか見極めること」と「モノの定位置を決めること」。この二つができれば、片づけは誰でも完璧にできるのです。モノは明確に数を数えられるので、一個一個モノを見極める、一個一個モノの定位置を決めていくことをしていけば、必ず最後に「片づけの終わり」がきます。

だから、片づけを完璧に完成させることはむずかしくないどころか、本来、誰でも可能なことです。そして、その後リバウンドしないためにも絶対的に必要なことなのです。

片づけはじめたそのときから、人は人生のリセットを迫られる

試験前日の夜。どうにも勉強に手がつかず、無性に片づけたくなった経験、ありませんか。机の上に積まれたプリントをバサバサと捨て、床に散らばる教科書をまとめ、そのうちなぜか止まらなくなり、本棚の本や書類を並べ替えたり、仕分けたり、挙げ句の果てに机の引き出しの文房具を整理して……なんてことをしていたら、いつの間

にか真夜中の二時半。机まわりがスッキリしはじめた頃には睡魔に襲われ、うとうとしてハッと気づけば朝の五時。ここまできて初めて本気であせって、やっと教科書に向かいはじめる……。何を隠そう、これぞまさに私の体験談で、試験前日のもはや恒《こう》例《れい》行事。

この試験前の「片づけたい衝動」、片づけに興味がある私だけかと思いきや、ああ私もあった、あった、という人があまりに多く、けっこう一般的な現象だということがわかりました。**どうやら試験前にかぎらず、せっぱつまった状況になると片づけたくなる人が多いようです。**

このように、無性に片づけがしたくなるとき、それは部屋を片づけたいときではありません。心理的に片づけたい「別の何か」があるときです。本当は勉強をしなければいけないから心がざわざわしているのだけれど、目の前が散らかっていることで「部屋を片づけなきゃ」という心のざわざわが起こり、問題のすり替えが起きていると考えられます。

その証拠に、試験前の片づけたい衝動が試験後にも続いているケースはまれです。**無事に試験が終わって家に帰ってくると、昨夜の情熱はどこ吹く風と、片づけのことなどすっかり忘れてしまい、また元の生活に戻ってしまっているのではないでしょう**

です。

か。これは、試験勉強をしなくてはならないという問題が「片づいてしまった」から

しかし、じつのところ、部屋の乱れを直しただけでは心の乱れがなくなるわけではありません。たしかに部屋をスッキリさせると、一時的に気分はスッキリします。でも、これが落とし穴で、心が乱れていた本当の原因は解決されていません。毎回、物理的な片づけに向き合っていては、心理的な片づけにまで考えが到達しないまま、一時のスッキリ感にごまかされてやり過ごしてしまうのです。実際、試験のたびに夜中の片づけをしていた私は、勉強に手をつけるまで時間がかかり、いつも結果はさんざんでした。

ここで、片づける以前の問題である「部屋が散らかっている状態」について考えてみましょう。**そもそも、部屋が自然に散らかることはありません。住んでいる自分が部屋を散らかしているのです。**「部屋の乱れは心の乱れ」という言葉がありますが、散らかっている状態というのは、物理的なこと以外に本当は問題があるのだけれど、目の前のごちゃごちゃ感でごまかされてしまっている状態だと考えられます。

散らかすという行為は、問題の本質から目をそらすための人間の防衛本能です。

「さっぱりしすぎた部屋だと、なんだかざわざわして落ち着きません」という場合は、

そのざわざわ感に真剣に向き合ってみると、自分が心の底で気にしている真の問題が浮き彫りになるかもしれません。

片づけをして部屋がさっぱりきれいになると、自然と自分の気持ちや内面に向き合わざるをえなくなります。**目をそらしていた問題に気づかされ、いやがおうでも解決せざるをえなくなる。片づけはじめたそのときから、人生のリセットを迫られるのです。**

そしてその結果、人生が大きく動きはじめていきます。

だから、片づけはさっさと完了させる。そして、本当に自分の向き合うべき問題に向き合っていく。**片づけはたんなる手法であって、それ自体が目的ではありません。**

本当の目的は、片づけたあと、どう生きるかにあるはずだと思いませんか。

収納が得意な人ほど、モノをためる人になる

片づけの悩みというと、まず思い浮かぶことは何でしょう。

「収納方法がわからない」「何をどこにしまったらいいのか教えてほしい」という方が多いのではないでしょうか。気持ちはわかりますが、残念ながら悩みどころからして間違っています。

収納という言葉には魔物が潜んでいます。なぜなら、「たちまちスッキリ、収納の裏ワザ」「便利な収納グッズ特集」など、収納という単語の枕詞《まくらことば》には必ず「今すぐ」や「一瞬で」という手軽さを表す表現がセットになっているからです。人は易きに流れる生き物ですから、ついつい目の前のごちゃごちゃを即座に解決してくれる「便利な」収納法に飛びついてしまうのです。

もちろん私も、かつてはこの「収納神話」のトリコでした。幼稚園のときから愛読している主婦向け生活雑誌で収納特集を見ようものなら、即実践。ティッシュの箱を開いて引き出しをつくったり、お小遣いをはたいて紹介されていた製品を買って試してみるのはもちろん、中学校の帰り道に東急ハンズや雑貨屋に立ち寄って、新商品は欠かさずチェック。**高校生のときにはおもしろい収納グッズをつくっている会社に電話をして、「この商品の開発ストーリーを教えてください」と喰《くら》いつき、窓口のお姉さんを困らせたこともあります。**そうして手に入れた収納グッズにモノをきちんと収めては、「なんて便利な世の中なんだろう」と、収納グッズが存在するありがたさに部屋で一人合掌していたものでした。

ここまでやってきた私が断言しますが、はっきりいって、収納法で片づけは解決しません。なぜなら、収納はしょせん、付け焼刃の解決法にすぎないからです。

気がつくと、私の部屋は収納グッズでいっぱいでした。床に置いてあるマガジンラック、本が収納されたカラーボックス、そして引き出しの中にはありとあらゆるサイズの仕切りたち。それでも部屋の中は依然としてスッキリとしないのです。**「どうして、収納しても収納しても片づかないんだろう」**。絶望的な気持ちになってあらためて収納の中身を眺《なが》めてみると、重要なことに気づきました。それは**「中のモノ、じつはほとんどいらない」**ということ。

つまり、私がやっていたのは片づけではなく、たんなるモノの押し込み作業。いらないモノにフタをして、ただ見ないようにしていただけなのでした。

収納法のやっかいなところは、モノを中に収めてしまうと一見片づけの問題は解決したように錯覚《さっかく》してしまうことです。こうなると、収納の中がいっぱいになった頃にまた部屋がごちゃごちゃし、再び安易な収納法に走る……という負のスパイラルにおちいってしまいます。

だから、**片づけはまずはモノを捨てることから始めること。**「モノを見極める」作業が終わるまでは、収納法には絶対に手をつけない、くらいの自制心が必要です。

「場所別」はダメ、「モノ別」に片づけよう

中学生の頃から本格的に始まった私の片づけ研究。具体的に何をしていたのかというと、とにかくひたすら実践の繰り返し。自分の部屋、兄の部屋、妹の部屋、リビング、キッチン、洗面所……と、場所ごとに毎日片づけをしつづけたのです。

「毎月五日はリビングの日」とスーパーのお買い得日のごとく一人キャンペーンをしていたり、「今日はこのパントリーを片づけよう」「明日は洗面所のこの棚を攻略する！」と、毎日今日はどこを片づけようかと思いをめぐらせていました。

高校生になってもその習慣は続き、学校から帰ってくると着替えもせずに制服のまま洗面所に直行。つくりつけの観音開きの収納を開け、「今日はこの棚！」と決めたら中のモノをすべてごっそり取り出します。まずはプラスチック製の引き出しの中から、化粧品の通信販売のオマケについてくるサンプルや、せっけんや歯ブラシやカミ

ソリのストック類をカテゴリーごとに分け、箱の中に入れて、また元に戻します。引き出しの中でしゃんとそろったモノたちを眺めて、しばしうっとり。美しさを充分に堪能《たんのう》したら、次は隣の引き出しに進みます。

日が沈み、「まりちゃん、ごはんよ」という母の声でストップがかかるまで、洗面所の床に座り込んでもくもくと棚の中のモノと向き合う、そんな女子高生でした。

ある日、学校から帰ってきていつものように制服のまま片づけをしながら、ふと気づいたことがありました。

「あれ、昨日と同じ引き出し、片づけてる?」

そのとき私が片づけていたのは、廊下の収納庫にある紙製の引き出しの中。もちろん昨日とは違う場所です。けれど整理していたのは、化粧品の通信販売のオマケについてくるサンプルや、せっけんや歯ブラシやカミソリのストック類たち。明らかに昨日と同じモノを同じようにカテゴリーごとに分け、箱の中に入れて、また元に戻そうとしている自分に気づきました。

われながら三年間も気がつかなかったのが情けないのですが、**じつは「場所別・部屋別に片づける」は、片づけをするうえで致命的な誤りなのです。**

「えっ、そうなんですか!」

そんな声が聞こえてきそうですが、多くの人が犯しがちなこの「場所別・部屋別に片づける」という一見正しそうな片づけ方、いったいなぜダメだと思いますか。

それは、片づけ前の段階では、同じカテゴリーのモノでも収納場所が二か所以上に分かれているケースが往々にしてあるからです。この状態で何も考えずに場所別・部屋別に片づけを進めてしまうと、先の私と同じように、気づかないうちに同じモノを片づけつづけるリバウンド地獄にはまっていくことになります。

では、どう片づけたらいいのかというと、それは「モノ別」に片づけること。**「今日はこの部屋を片づけよう」ではなく、「今日は洋服」「明日は本類」というふうに、「モノ」ごとに片づけを進めていくようにするのです。**

多くの人が片づけられない一番の原因は、モノが多いから。モノが増えつづける一番の原因は、自分が持っているモノの量を把握していないから。持っているモノの量を把握できないのは、収納場所が分散してしまっているから。収納場所が分散している今の状態のまま、相変わらず場所別に片づけをしていても、永遠に片づけは終わりません。

片づけは、「場所別・部屋別」ではなく「モノ別」に考える。もう二度とリバウンドしたくなければ、このポイントは絶対にはずさないでください。

性格別に片づけ法を変えても意味はない

「片づけられない原因は人それぞれ。あなたの性格に合った片づけ法を実践しましょう」

ものの本でよく見かける、このもっともらしいフレーズは、「ああそうか、今まで片づけられなかったのは、面倒くさがりな私の性格に合っていなかったからなんだな」と一瞬にして納得させてしまう力を持っています。そして、あとに続くチャートにしたがって、面倒くさがりタイプ・時間がないタイプ・モノにこだわりがまったくないタイプ・こだわりやタイプ……などのタイプ別に分けられた片づけ法をせっせと試してしまうのです。

私も片づけの仕事を始めた頃、同じように性格タイプ別片づけ法を追究していた時期がありました。いろんな心理学の本を引っぱり出しては、ヒアリングの段階で血液型を聞いてみたり、ご両親の性格を聞いてみたり、誕生日で動物占いをしてみたり。

「この性格ならこの片づけ法！」と言い切れる法則を見つけたくて、分析を続けること五年以上。

その結果、気づいてしまったのは、性格別に片づけ法を変えても意味がない、ということでした。なぜならほとんどの人が、片づけに関しては面倒くさがりだし、時間がないし、こだわりのあるモノもあれば、まったくこだわりのないモノも持っているからです。よくよく考えれば私にだって全部あてはまってしまいます。

「じゃあ、片づけられない原因をタイプ分けするには、何を基準にしたらよいのかしら」

　寝ても覚めても片づけばかりしすぎているせいか、何でもかんでもカテゴリー別に分けたがるのが私の悪いクセ。片づけコンサルタントとして仕事を始めた当初、どうにかしてお客様のタイプによって内容をきちんと変えたサービスを提供しようと必死でした。けれど今から考えれば、片づけのプロとして活動している以上、何かしらお客様をタイプ別に分けて片づけ法も少し変えたりして小むずかしく話をしたほうが「さすが、プロは違うね」なんていわれるんじゃないか、と下劣《げれつ》な下心もちらちら見え隠れしていたようなところが多分にありました。

考え抜いた末、私が出した片づけられないタイプは三つ。一つは「捨てられないタ

イプ」と、もう一つは「モノが元に戻せないタイプ」と、あとはそのミックス型で、つまり「捨てられないし元に戻せないタイプ」。「性格なんてあいまいな基準じゃなくて、実際に起きている現象を基準に分けるべき！」と考え抜いた結論です。

しかし、この基準で見てみると、私のところに来るお客様の九割が「捨てられないし元に戻せないタイプ」。残りの一割が「モノが元に戻せないタイプ」です。じつは、純粋に「捨てられないタイプ」の人（捨てられないけど、元には戻せるタイプ）は存在しないことに気づきました。モノが捨てられないのであれば、そのうち絶対にモノがあふれて元に戻せなくなるからです。しかも一割の「モノが元に戻せないタイプ」の人だって、実際、片づけを始めてみれば最低三〇袋は出てくるくらい、まだまだモノが減らせていないのが実情なのです。

要するに、どんなタイプの人であろうと、やっぱり片づけは「捨てる」ことから始めなければいけないということ。このことに気づいてからは、片づけの手法については、どんなタイプの方に対しても堂々と同じことを話しています。

だいたい片づけという行為自体、人によって持っているモノも家具も違うのですから、そもそもすべてがオリジナル。同じ手法を伝えるにしてもお客様によっておのずと伝え方もレッスンの進め方も変わってくるので、無理に違いを出す必要なんてなかったのです。

片づけ法に、小むずかしい分類はいりません。**片づけで必要な作業は「モノを捨てること」と「収納場所を決めること」の二つだけ。大事なのは『捨てる』が先」の順番だけ。**

片づけの原則自体は変わらないので、あとは片づけをするあなたがどのレベルを求めるかにかかっているのです。

片づけは祭りであって、毎日するものではない

「片づけは祭りです。片づけを毎日してはいけません」

片づけ講座で、私がこんなことを突然言い出すものだから、お客様はそろって一瞬きょとんとした顔になります。

片づけに関してはもちろん人によっていろいろな考え方があるし、ここまで片づけを調べつくした気でいる私でさえまだまだ知らない片づけ方もあるはずなので、これ

は私の方法にかぎっていうことなのですが、あえていいます。

片づけは一回で終わります。

正確にいえば、一回で終わらせるべきなのです。

もしあなたが、片づけは永遠に続く日常で、ほぼ毎日しなくてはならないもの、と思っていたら、それは大いなる誤解だと思ってください。

片づけには二種類あります。**「日常の片づけ」**と**「祭りの片づけ」**です。「日常の片づけ」とは、単純に「モノを使ったら、元の場所に戻す」こと。服でも本でも文房具でも、人がモノを使って生活している以上、こればっかりは一生ついてまわります。

けれど、私がこの本を通してお伝えしたいのは、**「祭りの片づけ」を一日でも早く終わらせてほしい**ということです。

一生に一度の「祭りの片づけ」を終わらせてしまったあとは、そのきれいな部屋で、自分の好きなように理想の生活を送ることができます。モノに押しつぶされそうになりながら暮らしていく生活の中で、本当の意味での幸せを感じることがはたしてできるかどうか、胸に手を当てて考えてほしいのです。

今、多くの人に圧倒的に必要なのは、この「祭りの片づけ」なのではないでしょうか。

ところが、たいへん残念なことに、多くの人が「祭りの片づけ」をしないまま、まるで物置のような部屋に住みつつ、来る日も来る日も「片づけ」に忙殺《ぼうさつ》される生活を送っています。片づけても、片づけても、片づかない。そんな暮らしを一〇年、二〇年とダラダラ続けてしまっているのです。

はっきりいいますが、「祭りの片づけ」を終わらせないかぎり、「日常の片づけ」は絶対できないといって過言ではありません。

「祭りの片づけ」さえ一度すませてしまえば、「日常の片づけ」では、使ったモノを元の場所に戻すだけでよいので、もはや片づけているという意識すらなくなります。

私がなぜ、「祭り」と呼んでいるかというと、ある意味、高揚した気分で、短期間で終わらせてしまうことが大切だと考えているから。あなたがこれからやっていく片づけは、日常の延長にあるたんなる整理整頓ではなく、自分の人生を丸ごと変える一大プロジェクトだと思って取り組んでほしいのです。

「でも、日々、モノは買っているわけだし、『祭りの片づけ』を終わらせても、いつの間にかモノがあふれて、また元通りになってしまうのでは……」。そう心配される方もいるかもしれません。

でも、この「祭りの片づけ」を終わらせたあとは、それ以降の「使ったモノを定位置に戻す」「新しく増えたモノの定位置を必ず決める」はまったく苦労せず、続けることができます。キツネにつままれたような気がするかもしれませんが、本当にそうなのです。

ポイントは、一度、完璧な状態を経験してしまうこと。一回でいいので、自分の持ちモノを一つひとつ、捨てるか残すか見極めていく。そして、残すと決めたすべてのモノの定位置を決めてみることです。

「片づけが何よりも苦手」

「自分は生まれつき片づけられない人間」

長年、信じて疑わなかった自分に対するこれらの負のセルフイメージが、完璧に片づいた部屋を目の前にした瞬間、一掃されます。そして、「こんな自分でも、やればできるんだ！」という自信とセルフイメージの劇的な変化が、その後の自分の行動に変化をもたらし、生き方そのものの変容を迫ってくるのです。

一度完璧に片づいた状態を劇的に体験すると、以前の散らかった状態にもはや戻れなくなります。もちろん、この本を読んでいるあなたも、です。

だから、私のレッスンの生徒さんはリバウンドしないのです。なんだかむずかしそう、と思われるかもしれませんが、だいじょうぶ。

片づけはけっしてむずかしくないと私がいうのは、扱う対象がモノだからです。モノを捨てたり、動かしたり、やること自体はとっても単純。誰だってできることです。**しかも片づけには、必ずゴールがあります。あなたの持ちモノの定位置をすべて決めた瞬間がゴールです。**そして、仕事や勉強やスポーツと違って、そもそも人と比べる必要のないことなので、すべてが自分基準。誰でも片づけさえすれば、「最高の自分」を経験できてしまうのです。

想像してみてください。片づけを終えたあとのあなたは、どんなふうな毎日を過ごしていますか？

大好きなものしか置いていない、いるだけでホッと心が安らぐおうち。毎日の中で、片づけについて思い悩む時間は一切なくなり、ゆっくりお茶を飲んだり、読書をしたり。自分のための時間を味わいながら、日々を過ごしています。そして、一日の終わりには、ぐるりとお部屋を見渡して「全部のものが大好きだな。幸せだな」としみじみ思う……。

こんな毎日が、けっして夢物語ではないのです。

なぜなら、片づけこそが、夢でも空想でもないからです。実際におうちの中のモノを動かして、自分の心とも向き合い、暮らす環境が変わり、毎日の習慣も変わっていく。**現実的に多くの変化を、自分自身で起こすからこそ、片づけ後のあなたは、もはや今のあなたとは別人なのです。**

そんな変化を、私も自分に起こしてみたい。

そう思いませんか。

だいじょうぶ。正しい片づけ方を身につければ、誰にだってできるのです。

第2章

まずは「捨てる」を終わらせる

一気に、短期に、完璧に、まずは「捨てる」を終わらせる

一度はきれいに片づけたつもりでも、三日もすると散らかってくる。そこに次々とモノが増え、気がつけば部屋は元通り。**片づけのリバウンドを繰り返してしまうのは、いつまでも間違った方法で中途半端に片づけを続けてしまっているからです。**

片づけのリバウンドがもたらす「負のスパイラル」から抜け出すための方法はただ一つ。片づけを、効率よく一気に進め、できるだけ短期間に、そして一度でいいので完璧《かんぺき》に片づけられた状態をつくってしまうことです。

ではなぜ、「一気に、短期に、完璧に片づける」ことで、正しいマインドが身につくのでしょうか。

片づけを完璧に完了させると、目の前の景色はガラリと変わります。それはもう、住む世界が一瞬にして変わったのではないかというくらい、圧倒的で劇的な変化です。

そして、誰もが感動しながら、決意を新たにするのです。

「二度と、以前のような部屋には住みたくない」と。

ここで大事なのは、意識が一瞬で変わるくらいのショックを実感するために、変化は短期間で起こさなければならないということです。少しずつ長い期間をかけて、では効果がありません。

「一気」に変化を起こすためには、一番効率のよい方法で片づけを進める必要があります。もたもたしていると、「朝から始めたのに、ハッと気づけばもう夕方……」「そのわりに、部屋はちっとも変わっていない……」と、時間ばかりが過ぎて体が疲れ、やがて片づけ自体がイヤになってしまいます。こうなると中途半端な状態で「やーめた」と投げ出したくなり、結局また元のリバウンド地獄にはまってしまうのです。

「短期」とは、私の個人レッスンの場合、最長で半年程度。長いと思われるかもしれませんが、一生のうちの半年間です。けっして長くはありません。この半年間が過ぎて完璧な状態を経験したあとは、二度と「ああ、片づけられない。自分はダメな人間だ」と悩むことなく生きていけます。

効率よく片づけを進めるために死守していただきたいのは、絶対に手順を間違えないこと。片づけで必要な作業は、「モノを捨てること」と「収納場所を決めること」の二つだけですが、捨てる作業が必ず先です。さらに大事なのは、それぞれの作業をきっちり分けること、そして、一つの作業をやりきってから次の作業にいくこと。

「捨てる」作業が終わるまでは、収納について考えてはいけないのです。

多くの人が、片づけがなかなか進まないことに悩む原因は、ここにあります。捨てる作業をしている最中に、「これはどこに収納したらいいんだろう」「この棚にならおまりきれるかな」と、収納のことにあれこれ思いをめぐらせてしまい、モノを捨てる手が止まってしまうから。収納場所については、「捨てる」が終わったあとに検討すればいいのです。

片づけのコツは「一気に、短期に、完璧に」。そして、「まずは『捨てる』を終わらせる」。これが私の結論です。

モノを捨てる前に「理想の暮らし」を考える

モノの収納場所を考えるより前に、まずはモノを捨てることがいかに大事かということはわかりました。しかし、何の考えもなしにいきなりモノを捨てはじめてしまうのは、それこそリバウンド地獄に自ら身を投じるようなものです。

そもそも、あなたが片づけをしようと思ったきっかけは何だったのでしょう？　この本を手にとったのも、必ず理由があるはずです。**片づけをすることで、いったい何を手に入れたいのだと思いますか。**

つまり、片づけをする目的を考えること。モノを捨てはじめる前に、一度じっくり、片づけの目的を考えることに取り組んでみてください。これは**「理想の暮らしを考える」**とも言い換えられます。このステップを飛び越えて片づけを始めてしまうと、片づけの進みが遅くなるどころか、リバウンドの確率は格段に高くなってしまいます。

「スッキリ暮らしたい」とか「とにかく片づけられるようになりたい」ではまだ甘い。もっと深く深く、考える必要があります。**自分が「片づいた部屋で生活している様子」がありありとイメージできるくらい、具体的に考えることです。**

お客様のSさん（二〇代）が私のところに相談に来たとき、初めて口にした言葉はこうでした。

「こんまりさん、私、もっと『乙女な暮らし』がしたいんです」

実際に見た彼女のお部屋は、いわゆる「汚部屋」。七畳ほどの部屋には、つくりつけの押し入れサイズのクロゼットのほかに、大きさがまちまちの棚が三つ。収納は充分あるはずなのに、どの角度を向いても視界に飛び込むモノ、モノ、モノ……。まず、すべての収納がパンパンで扉が閉まらず、チェストの引き出しからは景気のいいハンバーガーのように中身が飛び出しています。出窓のレールには洋服がびっしりかかり、もはやカーテン不要。そして、床はもちろんベッドの上まで、雑貨が入ったカゴやら、書類が詰まった紙袋やらで埋めつくされる始末です。

Sさんは会社から帰宅すると、夜はベッドの上のモノを床に落として眠り、起きたら床のモノをベッドに戻して道を確保して出社、という毎日を送っていました。ある意味、マメな生活といえますが、たしかに「乙女」のそれとはかなり違うようです。

「乙女な生活というと……。具体的には、どのような生活ですか?」

私が聞くと、しばらく考えてSさんは答えました。

「たとえば、仕事から帰ってきたら、夜寝る前に……」

「床に何にも置いていない、視界にモノが入らないホテルみたいなスッキリとしたお部屋で……」

「ピンクベージュのベッドカバーに、白いアンティーク調のランプがあって」

「お風呂上がりに、アロマを焚《た》いて」

「ピアノとかバイオリンとかのクラシック音楽をかけながら」
「ハーブティーを飲みながら、ヨガをして」
「ゆったりとした気持ちで、眠りにつきたいんです」

なんだか、実際に暮らしている映像が浮かんできませんか。**ここまで具体的に「理想の暮らし」を妄想してみることが重要です。**

そこまではっきりイメージするのはむずかしい、自分がどんな暮らしがしたいのかわからない、という場合は、インテリア雑誌などで自分のピンとくる写真を探してみましょう。モデルルームを見に行くのもおすすめです。いろいろなおうちを見ているうちに、自分の好みのテイストがわかってきます。

ちなみにSさんはレッスンを終えたあと、「お風呂上がりのアロマクラシックヨガ生活」を本当に続けています。**床の見えない地獄の汚部屋から無事生還して、憧《あこが》れの「乙女な生活」を手に入れたわけです。**

さて、片づけ後の「理想の暮らし」がイメージできたら、さっそく次のステップ「モノを捨てる」に進んでよいかというと、まだ早い。あせる気持ちはわかりますが、たった一回の片づけ祭り、けっしてリバウンドしないためにも一つずつていねいに進めていきましょう。

次にするのは**「なぜ、そんな暮らしがしたいのか」を考えること。**自分の理想の暮らしのイメージメモを見返して、あらためて考えてみてください。

なぜ、寝る前にアロマを焚いて過ごしたいのですか？なぜ、クラシック音楽をかけながら、ヨガをしたいのですか。

「寝る前にリラックスしたいから……」「ヨガでダイエットをしたいから……」

ではなぜ、寝る前にリラックスしたいのですか？　なぜ、ダイエットをしたいのですか？　自分が出した答えについて、「なぜ」を最低三回、できれば五回は、繰り返してください。

「仕事の疲れを次の日に持ち越さないように……」

「やせてきれいになりたいから……」

このように「自分の理想の暮らし」の「なぜ」を突き詰めていくと、ある単純なことに気づきます。

結局、モノを捨てることも、モノを持つことも、「自分が幸せになるため」にすることなのです。とってもあたりまえのことのようですが、このことを今一度、自分で考えて納得して、腹にストンと落ちるようにすることが大切です。

なぜ片づけをするのか。片づけを始める前に自分の理想の生き方に向き合い、考えること。そこで出した答えをもとに、いよいよモノを見極めるステップに入っていきましょう。

触った瞬間に「ときめき」を感じるかどうかで判断する

あなたは、何を基準に「捨てるモノ」を選んでいますか？

捨てるにもいくつかのパターンがあります。たとえば、「完全に壊れて動かなくなったから」「セットで使うモノの片割れがなくなったから」など、モノ自体の機能が果たせなくなった場合や、「デザインが古くなってしまったから」「イベントの時期が過ぎた」など、旬の時期が過ぎてしまった場合です。このように捨てる理由が明確なモノはまだ簡単です。**むずかしいのは、積極的には捨てる理由がとくにないモノでしょう。**だからこそ、「なかなかモノが捨てられない」という悩みに対して、「一年使わなかったら捨てる」「一時置きのボックスをつくって半年に一度チェックする」などの「捨てる仕組み」で解決する方法がたくさん提示されてきたわけです。

でも、**そもそも「捨てるモノをどう選ぶか」が主題になってしまっている時点で、片づけのピントは大幅にズレていると思ってください。**そのまま片づけを進めるのは、あまりに危険です。

かつての私はまさに「捨てるマシーン」でした。一五歳のときに『「捨てる！」技術』という本を読んで、「捨てること」に開眼して以来、私の片づけ研究はどんどんエスカレートし、その好奇心はとどまることがありませんでした。きょうだいの部屋だったり、学校の共用ロッカーだったり、新しい場所を見つけてはこっそり一人でお片づけ。頭の中は片づけることでいっぱいで、どんな場所でも自分は片づけられると、何の根拠もない自信にあふれていました。

当時の私の関心事は「いかに捨てるか」。二年着なかった服は捨てる、一つモノを買ったら一つ捨てる、迷ったらとりあえず捨ててみる。読みあさった片づけ本に書いてある、ありとあらゆる基準でモノを捨てつづけ、一か月に三〇袋近くのモノを捨てていたこともありました。**でも、いくら捨てても、家も部屋もどうもスッキリしないのです。**それどころか、なぜかストレスばかりがたまって、また一気に買い物をしてしまう。もちろんモノは一向に減りません。

家にいる間じゅう、「何か捨てられるモノはないか」「余計なモノはないか」と、「邪魔者」探しに神経をすり減らし、使っていないモノを見つけようものなら「こんなところにいたのか！」と憎《にく》らしさいっぱいにつかんでゴミ袋に放り込む。そんな状態でしたから、部屋にいてもピリピリしていて、まったく気が休まることはありませんでした。

ある日のことです。学校から帰ってきた私がいつものように片づけをしようと、自分の部屋のドアを開けると、相変わらずの雑然とした空間。それを見たとたん、頭の中でプツンと何かが切れてしまいました。

「もう、片づけしたくない……」

三年間でずいぶんモノは減ったはずの、でも居心地は最悪の部屋の真ん中で、あぐらをかいて座り込み、腕を組んで考えました。

「どうしてこんなに頑張っているのに片づけられないんだろう？　誰か、教えて！」

誰にいうでもなく、ワラにもすがるような気持ちで心の中で叫びました。

そのとき、ふと部屋の中で**「モノをもっとよく見なさい」**という声が響いた気がしました。

「モノ？　毎日穴があくほど見てるってば……」

ぼんやりと頭の中でつぶやきながら、そのまま私は部屋の床で、気絶するかのように寝てしまいました。

当時の私がもう少し賢かったら、こんなふうに**片づけノイローゼで気絶**なんかする前に気づいていたはずなのですが、**「捨てる」ことだけを考えて片づけをすると、不幸になります。なぜなら、本来片づけで選ぶべきなのは、「捨てるモノ」ではなくて「残すモノ」だからです。**

「モノをもっとよく見なさい」。目が覚めたとき、その声の意味がはっきりわかりました。それまで私は「捨てるモノ」にだけ注目して「邪魔者」を攻撃するばかりで、本当に大切にするべき「残すモノ」を大切にできていなかったのです。

モノを選ぶ基準について、私が出した結論はこうです。

「触ったときに、ときめくか」

モノを一つひとつ手にとり、ときめくモノは残し、ときめかないモノは捨てる。モノを見極めるもっとも簡単で正確な方法です。

「なに、そのあいまいな基準は?」と首をかしげた方もいらっしゃるかもしれません。

おそらく、読んでみただけではわからない方も多いと思います。

ポイントは、必ず触ること。たとえばクロゼットのドアを開けて、かかっている洋服を眺《なが》めて、「うん、まあ、全部ときめくかな」ではいけません。**「一つひとつ手にとって、触れてみること」が重要です。**モノを触ったときの、体の反応を感じてみると、モノによって明らかに反応が変わってきます。だまされたと思って実践してみてください。

「そのモノを触ったときに、ときめくか」。この基準には根拠があります。そもそも、何のために片づけをするのでしょう。結局、お部屋も持ちモノも「自分が幸せになるため」にあるのでなければ意味がないと私は思います。

だから、モノを残すか捨てるか見極めるときも、「持っていて幸せかどうか」、つまり、「持っていて心がときめくかどうか」を基準にするべきなのです。

心がときめかない服を着て、幸せでしょうか。

積ん読したままの、心がときめかない本に囲まれていて、幸せを感じますか。

けっして身につけることはないとわかっているアクセサリーを持っていて、幸せな瞬間が訪れるでしょうか。

答えは「いいえ」のはずです。

心がときめくモノだけに囲まれた生活をイメージしてください。それこそ、あなたが手に入れたかった、理想の生活ではありませんか？

心がときめくモノだけを残す。あとは全部、思いきって手放してみる。

すると、その瞬間から、**これまでの人生がリセットされ、新たな人生がスタートする**のです。

同じカテゴリーのモノは、まとめて一気に判断すること

家の中にある一つひとつのモノに対し、「ときめき」を基準に見極めていくことが、片づけの中で一番大事なステップになります。では、この基準で、実際にモノを減らしていくためには、どのように進めていけばよいのでしょうか。

まず、絶対にやってはいけないのは、場所別に捨てはじめてしまうこと。**「寝室を片づけ終わってからリビングに手をつけよう」「引き出しを上から一段ごとに見ていこう」とつい考えてしまいがちですが、これは致命的な間違いです。**なぜなら、モノ

のカテゴリーごとに収納場所がきちんと分かれていることはとても少ないからです。ほとんどのご家庭で、同じ種類のモノでも二か所以上の場所に分散した収納をしてしまっているといって過言ではありません。

場所ごとに手をつけてしまうと、たとえば寝室のクロゼットに収納してある自分の洋服の見極め作業を完結させても、別の部屋の収納に何着か混ざっていたり、リビングのイスに上着がかかりっぱなしになっていたり、あとから同じカテゴリーのモノがバラバラ出てきてしまうことが往々にして起きます。これだと判断するのも収納するのも二度手間で、時間もかかるし、「残す」「捨てる」の正確な判断もできません。これが二回も続くと片づけのやる気自体が失われかねないので、なんとしても阻止するべきです。

そのためには、**必ず「モノ別」で考えること。**モノを見極めるときは、同じカテゴリーのモノをまとめて一気に判断しなければいけません。

たとえばあなたの洋服を整理する場合は、家じゅうにあるあなたの洋服を一度に判断していきます。コツは、**「収納から一つ残らず出して、一か所に集める」**ことです。

具体的な手順はこう。まず、「洋服を整理する！」と決めます。次に家じゅうにある洋服を一つ残らず集めます。集めたすべての洋服を床やベッドの上など一か所に広げて山積みにします。それらを一つひとつ手にとって、ときめくモノだけを残します。このような手順を踏んで、カテゴリーごとにあらゆるモノを判断していきましょう。洋服の量が多い場合は、トップス・ボトムス・靴下・下着など、さらに細かくカテゴリー分けして、一つひとつ見極めていきます。

なぜ、モノを一か所に集めることが大事かというと、今自分がどれだけのモノを持っているかを正しく認識する必要があるからです。**たいていの方が、「こんなにモノを持っていたのか……」と予想以上の量にショックを受けますが、だいたい自分が想像していた二倍以上であることが多いようです。**また、一か所に集めることで、同じようなデザインのモノをいくつも持ってしまっている場合、比較ができ、「残す」「手放す」の判断がしやすくなります。

わざわざモノを収納から出して床に広げることにも意味があります。モノが引き出しなどに入ったままの状態は、いわゆる**「モノが寝ている」**状態。じつはこれだと、「ときめいているか」どうかの判断がしにくくなるのです。収納から出して空気に触れさせることで**「モノを起こす」**と、驚くほど自分のときめきの感覚がはっきりするようになります。

同じカテゴリーのモノをまとめて一気に判断することは、最短で片づけを進めるための一番のポイントです。ですから、「同じカテゴリーのモノ集め」はもれなく抜かりなく行ってください。

「思い出品」から手をつけると必ず失敗する

「今日は片づけの日！」と気合いを入れて予定を空けていたはずなのに、気がつくとほとんど終わらないまま日が暮れる週末。ハッと気づいて時計を前に自己嫌悪におちいるとき、手元にあるのはたいていマンガや本か、アルバムなどの思い出グッズなのではないでしょうか。

片づけは、部屋別ではなくモノ別に、そして同じカテゴリーのモノはまとめて一気に判断していくことが、スムーズにモノを捨てるコツだということがわかりました。だからといって、どのカテゴリーから手をつけはじめてもよいわけではありません。

「残す」「捨てる」の判断をするのにも難易度の違いがあるからです。片づけがどうにも途中で止まってしまうという人の話をよく聞くと、その多くが難易度の高いモノから手をつけてしまう傾向にあるようです。

まず、写真などの思い出品は、片づけ初心者が最初に手をつけてもよいシロモノではありません。量が多いうえ、残すか捨てるかを選ぶのがとってもヘビーだからです。

マジメな話をすると、モノには物体としての価値のほかに、「機能」「情報」「感情」の三つの価値があります。ここに「希少性」の要素が加わることによって、捨てる難易度が決まってきます。**つまり、人がモノを捨てられないのは、まだ使えるから（機能的な価値）、有用だから（情報的な価値）、思い入れがあるから（感情的な価値）。さらに手に入りにくかったり替えがきかなかったりする（希少価値）と、ますます手放せなくなるわけです。**

モノ別に一気に「残すか、捨てるか」を判断するときは、はじめに難易度の低いモノから始めて、片づけにおける判断力を段階的に身につけていくほうがスムーズに進みます。

たとえば洋服は、一般的に希少性が低いため捨てる難易度は低く、一番はじめに手をつけるのに最適。逆に写真や手紙などの思い出品は感情的な価値に加え、希少性が高く、捨てる難易度が高いため、最後に回します。とくに写真の場合、片づけをしている最中に思わぬところ（本や書類のすき間など）からバラバラ出てくるケースが多いため、一番最後に持ってくるのがベストです。

つまり、「スムーズに片づけるための、基本の順番」はこう。はじめに衣類、次に本類、書類、小物類、そして最後に思い出品。この順番がベストです。捨てる難易度に、その後の収納の難易度も加味して出した、私の結論です。

この順番で進めていくことで、誰もが心がときめくかどうかの感覚を自然と磨いていくことができます。

片づけの順番を変えるだけで、残すか捨てるかの判断スピードが格段に速くなるのですから、試してみない手はないと思いませんか。

捨てるモノを家族に見せてはいけない

一気にモノを捨てる作業をすると、いくつものゴミ袋がそれこそ山のように部屋に積み上がることがあります。そんなとき、ゴミ袋の山くずれと同じくらい注意していただきたいことが一つ。それは、**母親という名の、愛ある不用品回収業者の登場です。**

Mさん（三〇代）のお宅でも、その事件は起きてしまいました。

ご実家に家族とお住まいのMさんは、小学生のときに引っ越して以来、同じお部屋で暮らして一五年。もともと洋服が好きだったことに加え、歴代の制服たちや学園祭の思い出のTシャツなどの年代モノが箱に入って部屋のあちこちに置かれ、床はほぼ見えない状態でした。そこから一気に片づけること五時間。結局その日は、洋服が八袋、本が二〇〇冊、その他ぬいぐるみや子どもの頃《ころ》につくった作品や、合計一五袋分は出てきたでしょうか。

すっかり畳が見えるようになった部屋のドアの脇に、ゴミ袋やら段ボール箱やら捨てるモノを集め、「さてMさん。最後に、ゴミを捨てに出すときの大事なコツを一つ、お伝えします。絶対に……」と私がいいかけたそのときです。

「あれ、ずいぶんきれいになってるねえ」。ガチャリとドアが開き、麦茶を載せたお盆を手に持ったお母さんが入ってきました。内心、「まずい……」とあせる私。部屋の真ん中のローテーブルにお盆を置き、「ほんと、うちの娘がどうもすみませんね」とお辞儀をして、くるりと部屋のドアに向かうお母さん。「あらま」。当然、ゴミ袋の山に気づきます。「あんた、これ、捨てるの？」とお母さんが指さしたのは、ゴミ袋の山に立てかけてあったピンクのヨガマット。

「うん、だって二年くらいほとんど使わなかったもん」

「そうなの、じゃあお母さんが使うわね。あら、これも……」

積んであるゴミ袋をガサゴソ探しはじめたお母さんは、結局、ヨガマットのほかにスカート三着とブラウス二枚、ジャケットを二着にいくつかの文房具をお持ち帰りして、あっという間に部屋を出ていったのでした。

静かになった部屋で出された麦茶を飲みながら、「お母様は、どれくらいの頻度でヨガをされるんですか？」と私が聞くと、Mさんは「ポーズをとっているところ、一度も見たことありません」とポツリ。

じつは先ほど私がいいかけたのは、「捨てるモノは家族に見せないで」ということ。出たゴミ袋はできるかぎり自分でゴミ捨て場まで持っていき、何をどれくらい捨てたかの詳細はあえて家族に教える必要はありません。とくに両親にはまず見せないことをおすすめします。別に悪いことをしているわけではないので、コソコソする必要は本来ないのですが、**子どもが手放すモノの山を見るのは、親にとってはとてつもないストレスになることがある**からです。

「こんなに捨てて、この子、だいじょうぶなのだろうか……」という不安に加え、昔、自分が買い与えたぬいぐるみや洋服が処分されていくのを見るのは、子どもの自立や成長という点で見れば喜ばしいことと知りながらも、やはり少しさみしいものです。「捨てるモノを見せない」のは、気づかいという意味もありますが、何よりもご家族のモノを増やさないために大事なことです。そもそも、ご家族自身もこれまでそのモノを持っていない状態でずっと暮らしていて、何の不自由もなかったはずです。それが**うっかり捨てられてゆくモノを見せてしまったばかりに、もったいないと罪悪感を感じさせ、結局引き取らせて不必要な持ちモノを増やしてしまうのは、本当は罪なことだと私は思います。**

このケースは圧倒的に「娘のモノを母が引き取る」ことが多いのですが、たとえば母親が娘からもらった洋服を活用できていることはほとんどありません。五〇代、六〇代のお客様の片づけのレッスンをする際も、娘からもらった洋服は結局あまり着ずに捨ててしまうことがほとんどなのが実情です。娘を思う愛情が母親自身の負担になるような事態は、避けられるのなら避けるべきです。

もちろん自分が使わないモノを家族が活用すること自体が悪いわけではありません。ご家族が同居されているのであれば、「近々買う予定のモノ、あるかしら?」と片づけの前にあらかじめ聞いておきましょう。手放すモノの中からぴったりのモノが見つかった場合のみ、それをプレゼントすればよいのです。

家族にイライラするときは、自分の部屋に原因がある

「私が片づけても、家族が散らかすんです」

「夫がモノを捨てられない人で……。どういえば捨ててもらえますか？」

「理想のおうちを目指そうにも、いっしょに住む家族が片づけられないのって、悩ましいですよね。

この問題に関しては、私も数々の失敗を繰り返してきました。

私はかつて片づけにのめり込むあまり、自分の部屋だけでなく、きょうだいの部屋や家族のスペースまできれいじゃないと気がすまず、いつも「片づけられない家族」にイライラしていました。なかでも悩みのタネは、家の中心にあるウォークインクロゼット。家族共用で使っていたのですが、私から見れば半分以上がいらないモノだらけ。ポールには一度も着ているのを見たことがない母の洋服や、明らかに型が古くてもう着られないような父のスーツがぎっしりかかり、床には兄のマンガが入った段ボールが積み上げられています。

タイミングを見計らっては、「これ、使っていないよね？」と聞いてみるも、答えは「いやいや、使うよ」「今度捨てるよ」の一点張り。しかし、いつまでたっても捨てる気配はありません。**「どうして私が家をきれいにしようとしてこんなに頑張っているのに、家族はいらないモノをため込むんだろう」**とクロゼットを見るたびにため息をついていました。しかし、すでに「片づけのヘンタイ」を自覚していた私がここであきらめるはずがありません。

イライラが募った末に私がとった戦法は、「こっそり捨て片づけ法」。まず、モノのデザイン、ホコリのかかり具合やにおいなどを基準に、長年使われていないだろうモノを見極めます。それらのモノをいったん、クロゼットの奥に移動させて様子を見ます。モノがなくなったことに家族が気づかないようであれば、少しずつ、間引くようにしてモノを捨てていきます。この方法を三か月ほど続け、捨てたモノは合計ゴミ袋一〇袋以上になりました。

はっきりいって、ほとんどの場合、気づかれません。しばらくは平穏無事に日々を過ごすことができました。でも、それだけ捨てれば、さすがに一つや二つ、気づかれてしまうモノがあるものです。

家族に指摘されたときの私の反応は、ひどいものでした。「あれ、あのジャケット、どこだっけ」と聞かれれば、「いや、知らないよ」と基本はしらを切り通す。「まりちゃん、あなた、勝手に捨てたでしょう?」と問い詰められても、「捨ててません」としらばくれる。これで、「ああそうか、まあどこかにあるのかな」とあきらめてもらえるレベルなら、「捨てても問題のないモノだ」という論理です。さらに「絶対ここにあったはず。二か月前にこの目で見た」と、いよいよごまかせないとなったら素直に謝るのかといえばそうではなく、「どうせ使わないモノなんだから、いいじゃない!」などと開き直る始末です。人のモノを勝手に捨ててしまっておきながら、反省するどころか、「捨てられないアナタの代わりに、私が捨ててあげたのよ」くらいに思い、平然としていました。今から考えると、とんでもない傲慢《ごうまん》さです。

当然ながら家族から大変な非難と抗議を受けた末、ついに私に「片づけ禁止令」が言い渡されました。

こんな法令を家族に発令させてしまう前に、昔の自分に強めのビンタでもして、やめさせたいくらいなのですが、人のモノを勝手に捨てるのは、やっぱり非常識です。「こっそり捨て片づけ法」はたしかに気づかれないことも多いのですが、それが露呈したときの家族の信頼関係に入るヒビを考えると、あまりにハイリスク。そもそも人として間違っている行為のような気がします。**何よりも、家族が片づけられるように**

したいのなら、もっとラクな方法があるのです。

「片づけ禁止令」施行後、自分の部屋以外に片づける場所がなくなった私は、しかたなくあらためて部屋を見回してみました。すると、ある意外な事実に気がつきました。私のクロゼットの中には、それこそ「一度も着たことがないようなシャツ」や「もう着られないような型の古いスカート」がまだ残っていて、本棚からは「もう捨ててもいいかな」と思える本がいつもよりたくさん見つかったのです。

要は、家族に対してぶうぶう文句をいっていたことと、まったく同じことをしていたわけです。「まだまだ人に指摘できる立場じゃないな」と、新たに出したゴミ袋を前に、しばらくは自分の片づけに集中することを心に誓いました。

変化が起きはじめたのは、それから二週間ほどたった頃。あれほど不満をいってもかたくなにモノを捨てることを拒《こば》んでいた兄が、本類を一気に整理しはじめたのです。そのとき処分した本は一日で二〇〇冊以上。すると両親や妹も、少しずつですが、服や小物など自分の持ちモノを見直すようになり、以前に比べて家が片づいた状態を維持できるようになりました。

じつはこれこそが**「片づけられない家族」に対する一番の対処法**です。つまり、自分のモノだけを黙々と片づけていくこと。すると、あとを追うように家族が自分からモノを減らしはじめ、片づけをしはじめるようになります。あなたが「片づけてよ！」「こんなに散らかして！」なんて、ひと言もいわなくてもいいのです。不思議に思われるかもしれませんが、誰かが片づけはじめると、片づけは連鎖反応を次々と呼んでいくのです。

それに、自分のモノを黙々と片づけていると、もう一つおもしろい変化が起こります。少しくらい家族が散らかしていても、まったく気にならなくなるのです。私自身、自分のスペースを片づけて満足できるようになると、以前のように勝手に家族のモノを捨てたくなることもなくなり、リビングや洗面所などの共用の場所が散らかっているなと感じたときも、何もいわずに自然に片づけられるように変わりました。これは私にかぎらず、多くのお客様に起きた変化の一つです。

もし片づけられない家族にイライラを感じてしまったときは、あなたのモノが収納してあるスペースをチェックしてみてください。必ず、捨てるべきモノが見つかります。**他人の片づけられていないところを指摘したくなるのは、自分の片づけがおろそかになっているサインだからです。**

だから片づけをするときは「自分だけのモノ」から始めること。共用のスペースは後回しでいいので、まずは自分のモノにしっかり向き合っていきましょう。

自分がいらないものを家族にあげるのはやめる

私には三つ違いの妹がいます。

彼女は、外に出てたくさんの人と交流して活動的に過ごすよりは家で絵を描いたり本を読んだりしてのんびり過ごすほうが好きで、どちらかというと人見知りで控え目なタイプです。彼女は、小さい頃から私の片づけ研究の格好の餌食《えじき》にされていた、一番の被害者だといって間違いないでしょう。

とにかく何でもかんでも「捨てる」ことに重きを置いていた学生時代の私ですが、それでもやっぱり捨てられないモノもありました。たとえば、どうにもサイズがしっくりこないけれど、モノ自体は大好きな服。あきらめきれずに何度か鏡の前で着てみても、残念ながら似合いません。でも、両親に買ってもらったばかりのモノだし、捨てるのは心苦しく、捨てられない。

そんなとき、私が使っていたとっておきの裏ワザが「妹に丸ごとプレゼント片づけ法」。プレゼントといってもていねいに包装などするわけではなく、捨てられない洋服を手に、妹の部屋にどかどかと入っていき、ベッドで寝転がりながら読書を楽しむ妹の本を取り上げ、「ねえ、このTシャツ、いらない？　もし欲しかったらあげるけど」と聞くだけです。突然そんなことをいわれて戸惑《とまど》う妹に私はさらにたたみかけます。**「まだ新しいしデザインもかわいいけど、あなたがいらないんだったら今すぐ捨てちゃうわね。それでもいいの？」となぜか脅迫《きょうはく》めいた物言いで決断を迫る私。**そんなことをいわれたら、控え目な妹は「じゃあ、もらうよ」と答えるしかありません。

こんなやりとりをことあるごとに繰り広げていたので、妹のクロゼットには、あまり買い物に行かなくてもつねに服があふれている状態でした。そして結局、妹は、私があげた服を着ていることももちろんありましたが、それ以降二度と見かけない服もたくさんありました。

それでも私は、妹に服を「プレゼント」しつづけていたのです。

だって、モノ自体は悪くないものだし、服は一着でも多いほうがうれしいはずだし……。

しかし、そんな考えがまったくの勘違いだったことに気づいたのは、私が片づけコンサルタントの仕事を始めてしばらくたってからのことでした。

化粧品メーカーに勤めるKさん（二〇代）の、洋服の片づけをしていたときです。一生懸命服を選んでいるKさんを見て、どうも気になることがありました。彼女の持っている洋服の量は少し大きめのクロゼット一個分と平均程度なのですが、残す洋服の量が妙に少ないのです。「ときめきますか」の問いの答えは、たいてい「ときめきません」。「じゃあ、お役目が終わったんですね。ありがとうございました」と私がいうと、ホッとした表情を見せてその洋服を処分するのです。

よく見ると、彼女の服装はどちらかというとTシャツなどのカジュアルなものが中心なのですが、「ときめかない」と答えた服にはタイトなスカートや胸元が大きく開いたワンピースなど、テイストの違う服がたくさんあります。気になって聞いてみたところ、「それ全部、姉にもらったものなんです」とのこと。そしてすべての服を選び終わって、Kさんが最後にポロリとこうつぶやきました。

「今まで、こんなに好きじゃないモノに囲まれてたんだな」

結局、Kさんの持っていた洋服の三割以上がお姉さんからのお下がりでした。その中でときめく服として残ったのは、ほんの数着だけ。つまり、それ以外のほとんどは、お姉さんにもらったからしかたなく着ていたけど、**本当に自分が気に入ったものかといえばそうではなかった。これってとっても悲しいことだと思うのです。**

これはKさんの場合だけではありません、じつは妹というポジションにいる人は、そうでない人に比べて洋服を手放す絶対量が多いのです。これは、小さい頃からお下がりで育ってきたことと関係があると私は思っています。

理由は二つ。一つは明らかに、家族からもらったものだからと捨てられない服がたまってしまっているから。もう一つは、自分のときめきの基準がまだはっきりしていないため、迷いのある服が多くなってしまうからです。お下がりをもらうと服には不便をしないので買い物をする機会は少なくなります、すると自分のときめきでモノを選ぶ力がどうしても育ちにくくなってしまうのです。

お下がりの風習自体は、素晴らしいものだと思います。何より経済的だし、自分が活用しきれないモノを身近な人が喜んで大切に使ってくれること以上にうれしいことはありません。けれど、自分が捨てられないからという理由で安易に家族にあげるのは考えものです。これは、「お母さんにあげます」「娘にあげます」というケースも同じ。

きっと私の妹も、口にはしないまでも、何か釈然《しやくぜん》としない気持ちで受け取っていたに違いありません。**私がしていたことは、善意を装いながら自分がモノを捨てる罪悪感を、ただ人に押しつけていただけなのです。**今から考えるとひどい話です。

いらない服をあげる場合は、「はい、あげる」と無条件で差し出すのでも「あなたがいらなきゃ捨てるわよ」と脅すのでもなく、あらかじめ欲しいタイプの洋服を聞いて、条件に合ったモノだけを見せるようにしましょう。そのうえで「それ、本当に必要？　ときめく？」と、相手にも考える機会を作ってあげられたらパーフェクト。

自分以外の人にも、余計なモノを抱え込ませない気づかいも必要です。

片づけとは「モノを通して自分と対話する作業」である

「こんまりさん、滝に打たれてみない？」

七四歳の女性経営者のお客様に突然のお誘いを受けて、滝行というものに行ったことがあります。彼女は七〇代にして現役の経営者として活躍しながら、スキーや山歩きなどあちこちに足を運ぶ、とてもチャーミングな女性。滝行歴はすでに一〇年を超え、「ちょっと滝に打たれてくるわね」とまるで銭湯に行くかのようにカジュアルに滝行を楽しむベテランです。そのため、連れていかれたのは、いわゆる体験ツアーのような初心者向けの場所ではありません。

早朝六時に宿を出て、山の中の道なき道を進み、柵をよじ登り、橋のない川をジャブジャブとひざ下まで水につかりながら渡った末にたどり着いたのは、人気のない清らかな滝つぼでした。

なぜいきなり滝行の話をしたかというと、たんにレジャーの話をしたかったわけではありません。**じつは滝に打たれることと片づけをすることには、大きな共通点がある**からです。

滝に打たれている間は、ドドドという大音響の水音しか聞こえません。全身が激しく水に打たれるのですが、痛みはすぐになくなり、だんだん無感覚になり、しばらくすると体がほのかにポカポカしてきて、いわゆる瞑想《めいそう》状態に入ります。初めての滝行のはずなのに、そのときの感覚は私にとって懐かしい気すらしました。なぜならそれは、片づけのときの感覚ととても似ていたからです。

片づけを真剣にしていると、瞑想状態とはいかないまでも、自分と静かに向き合う感覚になっていくことがあります。自分の持ちモノに対して、一つひとつときめくか、どう感じるか、ていねいに向き合っていく作業は、まさにモノを通しての自分との対話だからです。

だから、モノを見極める作業の間は、なるべく静かで落ち着ける環境づくりが欠かせません。音楽などは一切かけないことが理想です。**たまに「音楽をかけてノリノリで捨てましょう」という片づけ法もあると聞きますが、私はおすすめしていません。せっかくのモノとの対話が音でごまかされてしまう気がするからです。**もちろんテレビを流すのは言語道断。どうしても音がないと落ち着かないという場合は、歌詞がなく、メロディーの主張も少ない環境音楽のようなものにしてください。

捨てる勢いをつけるのなら、音楽のリズムより空気感の力を借ります。**つまり、早朝の時間帯から始めるのがベスト。**朝のさわやかな空気感が思考をクリアにし、体も動きやすく、判断力が冴えるからです。私のレッスンももちろん午前中から始めることがほとんどで、これまで一番早いのは朝六時半から始めたことがありますが、ふだんの倍くらいの速さで進めることができました。

ちなみに滝行は、終わったあとのスッキリ感まで片づけと同じで、また行きたいなあと、うずうずしています。でも、わざわざ山に行かなくてもおうちの中で滝に打たれるのと同じ効果が得られるのですから、片づけってすごいと思いませんか。

捨てられないと思ったときの対処法

「モノを触った瞬間のときめきで、残すか捨てるか判断してください」

そんなことをもっともらしくいわれても、**「わかっちゃいるけど、捨てられない」のが人間の性《さが》。実際問題、困るのは、「ときめかないけど、捨てられない」モノたちではないでしょうか。**

人がモノを判断する方法は、大きく分けて二つしかありません。一つは直感による判断、もう一つは思考による判断です。この思考の部分が間違った方向に働くと非常にやっかいで、直感では「ときめかない」とはっきり答えが出ているのに、「でも、いつか使うかも……」「だって、もったいないし……」と頭でグルグル考えて、いつまでたってもモノを手放す決断ができなくなってしまうのです。

誤解のないようにいっておくと、捨てるのをためらうことが悪いことだと主張したいわけではありません。それだけ、そのモノに対する思い入れがあるということだし、誰だって直感だけですべてを決断できるわけではないからです。でも、だからこそ、たんに「もったいないから、捨てられない」ですまさず、とことんそのモノに向き合ってみてほしいのです。

「なぜ、私はこれを持っているんだろう。これが私のところにやってきたことに、いったいどんな意味があったのかな？」

「捨てられない」と思ったモノに対して、「そのモノが持つ本当の役割」をあらためて考えてみてください。

たとえばあなたの洋服ダンスの中に、買ったけれどもほとんど着なかった服があれば、その一つを思い浮かべてみます。なぜ、その服を買ったのでしょうか。

「お店で見て、かわいいと思ったから、つい……」

買った瞬間にときめいていたのなら、その服は「買う瞬間のときめき」をあなたに与えたという役割を一つ、果たしたことになります。では、なぜ、その服をほとんど着なかったのでしょうか。

「着てみたらあんまり似合わなかったから……」

その結果、同じような服を買わなくなったというのなら、「こういう服は、自分には似合わないんだな」ということを教えてくれたのもまた、その服の大事な役割だったのです。

となると、その服はすでに充分、自分の役割を果たしているといえます。**だから、「買った瞬間にときめかせてくれて、ありがとう」「私に合わないタイプの服を教えてくれて、ありがとう」といって、手放せばいいのです。**

モノにはそれぞれ違う役割があります。すべての服が、完全に着倒されるためにあなたのところに来るわけではありません。これは、人とのご縁と同じです。出会ったすべての人が、親友になったり、恋人になったりするわけではないですよね。「この人はちょっと苦手だな」とか「気が合わないな」という人がいるからこそ、「やっぱり私は、この人が好きなんだな」とあらためて感じられて、ますますその人のことが大切に思えます。

だから、「ときめかないけど、捨てられない」モノに対しては、一つひとつ、その本当の役割を考えてあげること。するど、意外なほど多くのモノが、すでにお役目を終えていることに気づくはずです。モノが果たしてくれた役割にきちんと向き合い、感謝して手放してあげることで、初めてモノとの関係に「片をつける」ことができたといえます。

そうして手元に残ったモノこそ、あなたが大切にするべきモノ。

本当に大切なモノを大切にするために、役割を終えたモノを捨てるのです。

ですから、「モノをたくさん捨てる」のは、モノを粗末にしているということではありません。押し入れやタンスの奥にしまわれ、その存在すらも忘れ去られてしまったモノたちがはたして大切にされているといえるでしょうか。

もし、モノに気持ちや感情があるとしたら、そんな状態がうれしいはずはありません。

一刻も早く、牢獄《ろうごく》、あるいは離れ小島のような場所から救出してあげて、「今までありがとう」と感謝の念を抱いて、モノを気持ちよく解放してあげてください。

片づけをするとスッキリするのは、人もモノもきっと同じだと、私は思っています。

第3章
「モノ別」に片づけると こんなにうまくいく

片づけの順番

「モノ別」に必ず正しい順番で片づける

「い、いらっしゃいませ」

ガチャリとおうちのドアが開くと、迎えてくれるのは緊張した面持ちのお客様。私が初めてご自宅を訪ねるとき、ほとんどの方がかなり緊張されています。もちろんそれまでに何度かお会いしているので初対面ではないのですが、これから始まる壮大な片づけプロジェクトを思うと、ついつい身構えてしまう人が多いようです。

「足の踏み場もないような状態の私の家が本当に片づくのだろうか」

「一気に短期に完璧《かんぺき》に、なんて、私には無理なんじゃないか」

「こんまりさんはリバウンドゼロとかいってるけど、やっぱりまた元に戻ってしまって、私がリバウンド第一号になったらどうしよう」

いろいろな不安が頭をよぎっているのが手にとるように感じられます。でも、絶対だいじょうぶです。**どんな面倒くさがりやの性格でも、先祖代々片づけられない家系**

であっても、忙しくて時間がなくても、正しい片づけ法は誰にでも身につけることができます。

はじめにいってしまうと、片づけってそもそも楽しいのです。今まで無意識だった自分の持ちモノにあらためて向き合って自分の感覚を確かめて、役割が終わったモノには感謝してきちんと送り出してあげること。**その過程はまさに自分の内面と向き合って棚卸しをする、生まれ変わりの儀式のようなものです。**それに選ぶ基準が「ときめくかどうか」ですから、むずかしい理論も数字も必要ありません。

だから、手放すモノを入れる袋だけはたくさん用意して、安心して片づけを始めてください。

ただし順番だけは必ず守ること。はじめに衣類、次に本類、書類、小物類、そして最後に思い出品。この順番通りにときめくモノを選んでいくと、驚くほどスムーズに片づけが進みます。なぜなら、残すか捨てるかの判断がしやすく、カテゴリーがはっきりしているモノから整理したほうがラクだからです。

つまり、一番はじめは衣類から。より効率的に進めるのなら、その中でもざっとカテゴリー別に分けて一気に選んでいくのがおすすめです。大きく分けると衣類のカテゴリーは以下の通り。

トップス（シャツ・セーターなど）
↓ボトムス（ズボン・スカートなど）
↓かけるモノ（ジャケット・スーツ・コートなど）
↓靴下類
↓下着類
↓バッグ
↓小物（マフラー・ベルト・帽子など）
↓イベントモノ（浴衣・水着など）
↓靴

衣類といいつつ、バッグや靴も同じカテゴリーとして考えます。

なぜこの順番が正しいといえるのか。それはもう、片づけに半生を捧《ささ》げてきた私の経験値としかいいようがありません。とにかくこの正しい順番でやればさくさくと片づけが進むし、どんどん見た目にもスッキリしていきます。さらに、残すと判断したモノは自分が本当にときめくモノだけになっていくので、やっていくうちに体が少し疲れても、心はみるみる元気になって、片づけすることが快感となって止まらなくなってしまうのです。

けれど、忘れないでください。大事なのは、どれを捨てるかではなく、どれを残すかです。どれといっしょに生活を送っていくと自分の人生はときめくのか、まるでお店の陳列棚から大好きなモノを選ぶような感覚で、ときめくモノを選ぶのです。

いよいよ基本を押さえたら、さっそく「洋服山」をつくりましょう。そして、一つひとつを手にとって、自分にそっと「ときめきますか」と聞いてみてください。「片づけ祭り」の開始です。

衣類 家にあるすべての服をまず床に並べる

まず、家じゅうのすべての収納から自分の服類を集めてきます。クロゼットの引き出しから、寝室のタンスから、ベッドの下の収納から、**「一つ残らず集めること」がポイントです。**

ひと通り出そろったかな、というときに私が必ずたずねるのが、「もうこれ以上、家にあなたの洋服はありませんか？」という質問です。そして、こういうのです。
「これ以降に出てきた服は、なかったモノとしてあきらめていただきますよ」と。
つまり、あとで別の場所から洋服が出てきたとしても、一切受け付けずに捨ててしまいますよ、ということ。すると「そうだ、ダンナのクロゼットにもたしか……」「和室の壁にかかっていたかも……」と滑り込みでいくつか服が追加されるのです。

　この自動引き落としのような締め切り制度は、毎回本気でやっています。そうすると、お客様も無条件で捨てられてはたまらないと考え、真剣に思い出そうとします。引き落とされてしまうことは滅多にありませんが、やはりこの時点で思い出されなかったモノは、結局持っていてもときめかないモノなので、私は容赦《ようしゃ》いたしません。ちなみに洗濯中のモノはセーフです。

　すべての洋服が一堂に会すると、床にはトップスだけでもひざくらいの高さの山ができあがってしまいます。ひと口にトップスといっても、夏物から冬物まで、ニット・Tシャツ・キャミソール……といろんな種類があるからです。**ちなみに私のお客様の場合、最初の段階のトップス平均所持数は一六〇着前後。たいていの人は「こんなに持っていたのか……」と山の前でしばし呆然《ぼうぜん》、いきなり片づけの最初の壁にぶつかるわけです。**絶句しているお客様に、私はたいてい、こういいます。

「とりあえず、オフシーズンの服から始めましょうか」

記念すべき片づけ祭りのスタートをオフシーズンの服から始めるのには理由があります。これが、あらゆる持ちモノの中で一番純粋にときめきの感覚がわかりやすいものだからです。

今まさに着ている服だと、「ときめかないけど、昨日着た」とか「今着るものがなくなったら困るから」とか、そんなふうに考えてしまって、冷静に自分のときめきと向き合えなくなってしまいがち。今すぐ必要でないからこそ、純粋にときめくかどうかの基準で選べるのが、オフシーズンの服の強みなのです。

オフシーズンの服がそれぞれときめきを感じるかどうか確かめるための、おすすめの質問が一つあります。それは「次の季節にぜひ、会いたいか」。もっというなら、「今日、急に気温が変わったら今すぐ着たいと思えるか」。

「ぜひ会いたいか、といわれればそうでもないな……」。そう思ったらその服は手放してください。もちろんその服が先シーズンにきちんと活躍してくれたモノであれば、「活躍してくれてありがとう」のひと言をお忘れなく。

こういうと、「そんな基準じゃ、着るものがなくなっちゃうんじゃないですか」と一瞬心配される方もいるかもしれませんが、だいじょうぶ。かなりの量を減らしたように感じても、ときめくモノだけ選ぶようにしていけば、必ず自分にとって必要な量は残ります。

オフシーズンの洋服で自分のときめきの判断基準がだんだんわかってきたら、同じ調子で次はオンシーズンのトップス、ボトムスと、どんどん選んでいきましょう。

ポイントは必ず収納から出して一か所に積み上げること、そして、一つずつ必ず触って判断することです。

部屋着 「捨てるのはもったいないから部屋着にします」は禁句

せっかく買ったのに、まだ服としては着られるのに、捨てるなんてもったいない。そう思ってか、「外には着ていけないけど、部屋着にしてもいいですか？」と、質問されることがよくあります。ここで私が「ええ、いいですよ」なんて答えてしまったが最後、これまで順調に減っていた洋服の総量はまったく変わらず、部屋着用の服の山ばかりがどんどんうず高くなっていくのです。

かくいう私も以前、外出着として着られなくなった服を部屋着に「降格」させていた時期がありました。毛玉が目立ってきたカーディガンや、デザインが古くなってしまったカットソー、そもそも外出着としてもあまり活用してこなかったあんまり似合わないブラウスなどを部屋着用と称して捨てずにとっておくのが、いつの間にか習慣化していました。

でも、そんなふうにして降格させた部屋着たちって、十中八九、着ないのです。そして、どうやら多くの人が同じように「降格組」の服を活用できずに持て余していることがわかってきました。

理由を聞いてみると、「部屋で着てもリラックスできない」「元外出着だから部屋で着るのはもったいない」「好きじゃない」……と、もはやそれ、部屋着と呼べませんよね、という回答のオンパレード。結局、ときめかない服を手放すことを、ただ先延ばししたにすぎません。

考えてみれば、お店でもわざわざ部屋着というカテゴリーの商品が成り立っているくらいなのですから、部屋着と外出着が違うのはあたりまえです。素材も形もリラックス仕様になってこその部屋着ですので、降格組で活用されているのはコットン製のTシャツくらいでしょう。

それに外出着としてときめかないから部屋着にするというのも、何か違う気がします。部屋で過ごす時間だって同じ生きている時間なのですから、人の目があろうがなかろうが、時間の価値は変わらないはずです。

だから、ときめかない服を部屋着に流用するのは今日かぎりやめてしまいましょう。

せっかく理想の部屋での理想の暮らしを目指しているのに、ときめかない格好で過ごしてしまうのは、それこそもったいない話です。

ジャージや着古したTシャツを部屋着にしている場合も、心地よさやデザインにときめく、という明確な理由があるのなら問題ありませんが、鏡を見たときに「うーん」と自分で思ってしまうようであれば、片づけのこの機会が替え時です。

私がここまで部屋着のときめき追究に関して強く言うのは、部屋での格好や過ごし方がその人のオーラというか、かもし出すイメージに影響してしまうから。私の場合、どうも片づけ現場を多く経験しすぎたせいか、人を見るとなんとなくどんな部屋着を着て部屋ではどんな感じで過ごしているのか、というのがいい当てられるようになった時期があり、気味悪がられたりしたことがあるのですが、つまり、部屋着の自分はごまかせない、ということです。

誰に見られるわけでもない、だからこそ、おうちの中では最高にときめく部屋着に着替えて、自分のセルフイメージが高まるようにするべきだと思いませんか。片づけをすることで、どんな格好で過ごしたいか、という理想も見えやすくなってきますので、ときめかない服を部屋着の山に移したい気持ちはグッとこらえて、自分のときめきに素直になって片づけを進めていきましょう。

衣類の収納　「たたむ収納術」で収納スペースの問題は解決できる

洋服を一気に選び終わると、残すと決めた服の量はじつにはじめの三分の一から四分の一ほどになります。床にはこれらの服の山が残ったままの状態ですので、今度は収納しなければなりません。

さて、どうするか。そのお話をする前にちょっとした雑談にお付き合いください。

片づけのお悩みヒアリングをしているとき、どうにも納得できないことがありました。

「洋服がクロゼットに収納しきれなくて、困っているんです」

そう語るのは、主婦のSさん（五〇代）。でも、間取り図を見るかぎり、彼女には自分用のクロゼットがまるまる二つ、しかもそれは、平均の一・五倍くらいの広さがあり、どう考えても収納スペースが足りないはずはありません。それでも、クロゼットの外には三つもステンレス製のポールが置かれていて、そのすべてに服があふれているというのです。

「どれだけ洋服持ちなんだろう。軽く二〇〇〇着はあるかもしれない……」

こわごわとおうちに訪問する日を迎え、ようやくその理由がわかりました。

壁一面が扉になったクロゼットをガラリと開けると目に飛び込んできたのは、クリーニング屋のごとく所狭しとハンガーにかけられた無数の洋服たち。コートやスカートはもちろん、Tシャツもニットもバッグも下着でさえも、すべてがハンガーにかかった状態でズラリと並び、それ以外のモノが見当たらないのです。唖然《あぜん》とする私に、「これ、ニットをかけてもずり落ちないハンガーなんですよ」「これ、ドイツで買ってきたハンドメイドのハンガーなんですよ」と、なぜかひたすらハンガー自慢をするSさん。五分間ほどハンガー講座が続いたあとは、「かけたほうがシワにならないし、服も傷まないからいいですよね」と最高の笑顔で微笑《ほほえ》んでくれました。お話を聞くと、服は一切、たたんでいないとのこと。

洋服の収納法は二種類あります。ハンガーを使ってさっとポールに引っかけていくだけの「かける収納」と、一つひとつたたんで引き出しなどに並べてしまう「たたむ収納」。こう書くと、どうしてもお手軽な「かける収納」に惹《ひ》かれてしまう気持ちもわかりますが、私が断然おすすめするのは、「たたむ収納」を中心としたしまい方です。

洋服をいちいちたたんで引き出しにしまうなんて、面倒ください。できれば全部、ハンガーにかけてすませたい。そう思ったあなたは、たたむことの本当の威力を知りません。

まず、収納力の問題からいって「たたむ収納」と「かける収納」は比べものになりません。服の厚みにもよりますが、たとえば一〇着分の洋服をかけるスペースがあった場合、それらを正しくたためば、二〇着から四〇着分を収納することができます。先ほどのSさんも、持っている洋服の数自体は平均よりやや多いくらいで、たたみさえすればクロゼットに問題なく収まりきったはず。**洋服の収納の問題は、きちんとたたむことで、ほとんど解決してしまうといって過言ではないでしょう。**

たたむ効果はそれだけではありません。**洋服をたたむことの本当の価値は、自分の**

手を使って洋服に触ってあげることで、洋服にエネルギーを注ぐことにあるのです。

「手当て」という言葉は、今のように医療が発達していなかった時代に、ケガをした箇所に手のひらをかざして当てることで治癒《ちゆ》を促していたことに由来しているという話を聞いたことがあります。手をつないだり、頭をなでたり、抱きしめたり、親子のスキンシップが子どもの情緒を安定させる効果があるというのは有名な話です。マッサージをされるとき、器具でゴリゴリやられるよりも、人の手でていねいにほぐされたほうが絶対に気持ちがよいですよね。つまり、人の手から出るハンドパワーのようなものが体に注がれると、私たちは、心も体も癒《いや》されてホッとし、元気になれるのです。

それは服にとっても同じです。**ちゃんと持ち主の手によって触って整えられることは服にとっても心地よく、エネルギーが注がれる行為なのだと思います。だから、きちんとたたまれた服はシワがピンと伸び、生地がしっかりしていきいきしてくるのです。**ていねいにたたんで収納されている服と適当に引き出しに放り込まれている服とでは、着ているときの張りと輝きからして違うので、その差はひと目でわかってしまいます。

洋服をたたむ。それはたんに収納するために服を小さく折り曲げる作業だけをさす

のではありません。いつでも自分を支えてくれている洋服をいたわり、愛情を示す行為なのだと思います。

だから、たたむときは、「いつも守ってくれてありがとう」と思いながら、心を込めてたたんであげるべきなのです。

洗濯のあと、たたむことを通じて、きちんと洋服に触ってあげることができ、「あ、ここがほつれてるな」とか、「もうそろそろ寿命なのかしら」と、細かいところに気づくようになります。たたむということは、つまり、洋服との対話なのです。

とくに日本人であれば、たたむことの心地よさはすぐに実感できるはずです。日本はもともとたたむ文化を持っている国だからです。着物や浴衣《ゆかた》を思い出してください。あんなに几帳面《きちょうめん》に、タンスの引き出しに合わせて、真四角にピタリと角をそろえて服をたたむ文化を持つ国は、ほかにありません。

日本人には「たたむ遺伝子」がもともと備わっていると、私は確信しています。

服のたたみ方

ピタリと決まる、一番正しいたたみ方

洗濯物を取り込んだのはいいけれど、たたむのはどうも面倒くさい。だいいち、そのうちまた着るのに、いちいちたたんでしまうのはムダな努力のような気がします。だから、ついついそのまま山積みにして、そこから服をとるのが日課となる。こうなったら最後、部屋の一角が洋服置き場となり、しだいにどんどんその領域が生活空間を侵食していくのです。

こんなふうに、たたむのが苦手で嫌いな人は、間違いなく正しい洋服のたたみ方を知らない人です。

でも、ご安心ください。私のレッスンにいらっしゃる方に、はじめから正しく服をたためている人なんて、いまだかつて一人もいませんでした。それどころか、「服はたたまないと決めています」宣言をする人、押し入れを開けたら洋服のゼリー固めみたいに服が詰まっていた人、引き出しを開けたら箱入り生そばギフトみたいに服が細

くよじって並べられていた人……と、「たたむ」の「た」の字も見当たらない状況だった方も少なくありません。

けれど、レッスン卒業時には一人残らず、「たたむのって、楽しいですね！」といっているのです。服をたたむのがあまりに嫌いで、実家のお母さんがわざわざ洋服をたたみに来ていたという主婦のAさん（二〇代）ですら、今度はお母さんにたたみ方指導をするくらい、たたむのが大好きになったといいます。

一回マスターしたら毎日使えて楽しくて、しかも一生役に立つ。正しい洋服のたたみ方を知らないまま過ごすのは、人生の大きな損失だとさえ思います。

たたむ方法を学ぶ前に、まずは洋服を収納したあとの完成型をイメージしましょう。引き出しを開けたとき、どこに何があるのか、ひと目でわかる状態を目指してください。ちょうど本の背表紙が見えるように、立てた状態で収納していきます。

「立てる」は、収納の一番の基本です。

たまに、お店のディスプレイのように大きく薄くたたんで、引き出しの中で重ねている人がいますが、ちょっと惜《お》しい。それはお店と同じく棚に直接置く場合に適したたたみ方であって、引き出しの中でそのたたみ方をすると中のモノが見えにくく、取り出しにくいうえ、収納も抜群に崩れやすいのです。「何度も折るとシワがたくさんつきそうなので、なるべくたたむ回数を減らしています」というのが彼女たちの主張なのですが、それだと逆効果になってしまいます。

たしかに、「立てる収納」をする場合、けっこう小さくたたまなければいけないので必然的にたたむ回数は多くなってきます。**でも、洋服のシワはじつは折りたたんだ回数の多さではなく、プレスされたシワの濃さによって目立つようになるのです。**

つまり、薄くたたんで重ねれば重ねるほど、上の洋服の重みで生地がプレスされてシワが濃くついてしまい、「シワ感」がよりいっそう出てしまうのです。一枚の紙を折ったものを一〇〇枚重ねたときと、一〇〇枚の紙を重ねてから折ったときの、シワの濃さをイメージしていただければわかりやすいと思います。一〇〇枚の紙を重ねて折ったときのほうが、くっきりとしたシワになりにくいことがおわかりいただけるでしょう。

収納ケースの中に立ててしまうことをイメージできたら、さっそくたたんでいきましょう。**正しいたたみ方といってもポイントは一つ。「できあがりがつるんとシンプルな長方形になること」だけです。**まず、身頃《みごろ》を中心とした縦長の長方形を作るように、両わき部分をたたみます。このとき、半袖であればそのまま一回ずつたためばオーケーですが、長袖の場合は何回か折り返して袖を身頃部分の中におさめるようにたたみます。縦長の長方形の状態がつくれたら、あとは四つ折りなり、六つ折りなり、服に合わせて高さを調整していきます。基本はこれだけ。

だけど、実際たたんでみると、どうしても「ゆるく」なってしまう場合があります。一応四角く折れてはいるのですが、なんだかペラリとして頼りなく、立てて収納しようとしても崩れてしまうのです。この状態になってしまったときは、その服に合ったたたみ方ではないですよというサイン。**じつは服にはそれぞれ、たたんだときにピタリと決まる「ゴールデンポイント」が決まっているのです。**

ゴールデンポイントとは、その服にとって一番心地のよい、しっくりくるたたみ方のこと。これは服の素材や大きさによってそれぞれ異なるので、たたみ方を変えながら一つひとつ探っていく必要があります。といっても、別にむずかしいことはありません。たいてい、立てたときの高さを調整するだけで、あっけないほど簡単にゴールデンポイントにたどり着いてしまいます。

コツとしては、生地がテロテロと薄いモノは幅も高さも小さくキュッとたたみ、生地がふんわり厚いモノはゆったりめにたたむこと。そして、たたむときはつねに生地が薄いほうの端を手にとりながらたたむとうまくいきます。

こうして、たたみ方がピタッと決まったときの快感といったらありません。立てて収納しても崩れない安定感、持つとしっくり手になじむ心地よさ。そうかそうか、こういうふうにたたんでほしかったのね、と洋服と心が通じる歴史的瞬間。お客様の顔がパッと輝くのを見るのが、レッスンの中でも私が大好きな瞬間です。

衣類の並べ方 クロゼットの中にときめき感を仕込む裏ワザ

クロゼットを開けたとき、大好きな服たちがきちんとそろってかかっているのを見るのはうれしいもの。けれど実際は、「中がぐちゃぐちゃで使いにくい」「クロゼットを開けるたびにため息ばかり」という人が多いのではないでしょうか。そういう方たちの話を聞いていると、たいてい原因は二つに分けられます。

一つは、洋服のかけすぎ。あるお客様の家で、クロゼットのポールに服が限界までギチギチにかけられ、一着取り出すのに三分かかったことがありました。右にも左にもピクリとも動かないハンガーをウンウンいいながら引っぱりつづけ、やっとの思いで一つを引っぱって取り出すと、両隣の服がつられてポーンとトースターから出てきたパンのような勢いで飛び出す始末。そのクロゼット自体が数年使われていなかったのも納得しました。これは極端な例ですが、多くの人がクロゼットにかける服が多すぎて使いにくくなっているのは事実です。だからおすすめなのは、たためるモノはなるべくたたむこと。

もちろん、「かける収納」のほうが適している服もたくさんあります。一般的にはコートやスーツ、ジャケットやスカート、ワンピースなどがそうですが、**私のかける服を選ぶ基準は「かかっているほうが、洋服が喜びそうなモノ」。風を通すとひらひら揺れてうれしそうな感じのするモノや、カチッとしていて折り曲げられるのを拒否しそうなモノは素直にハンガーにかけてあげます。**

クロゼットの「かける収納」がごちゃつくもう一つの原因は、かけ方が間違っていることです。まず、同じカテゴリーのモノは隣り合わせにしてまとめてかける、これは基本中の基本。ジャケットのコーナー、シャツのコーナーときっちり分けてかけていきましょう。**自分と同じタイプの人といっしょにいると無条件に安心してしまうのは、人も服も同じ。カテゴリー別に分けるだけで、洋服たちの安心感が違います。**これだけで、クロゼットの中は見違えるようにスッキリ。

そうはいっても、「一度きちんと分けてかけても、いつの間にかぐちゃぐちゃしてくるんです」というのもよく聞く悩みです。そこで、**せっかくきれいに整えた、「かける収納」をきれいにキープするためのとっておきの裏ワザをご紹介します。**

それは、洋服を「右肩上がり」にかけていくこと。試しに、右肩上がりの矢印と、右肩下がりの矢印を紙に書いてみてください。空中に指で線を書くだけでもかまいません。

どうですか？　明らかに、右肩上がりの線を書いてみたときのほうが胸のあたりが軽くときめく感覚がおわかりいただけたと思います。人は、右肩上がりのラインを心地よく感じるのです。これをクロゼットの収納に応用することで、いつでもこの「ときめき感」をクロゼット内に仕込むことができます。

つまり、クロゼットに向かって左に重いモノを、右に軽いモノを収納していくこと。具体的には、左側には丈が長く、生地が厚く、色の濃い服を、右にいくにつれて丈が短く、生地が薄く、色の薄い服を収納するようにするとよいのです。

カテゴリー別にいうなら、向かって左からコート、ワンピース、ジャケット、パンツ、スカート、ブラウスの順にかけていきます。これは基本の並べ方ですが、自分の洋服の傾向によってカテゴリーごとの重さは変わってきますので、自分の感覚で全体的に「右肩上がり」のバランスをつくるようにしてください。そして、カテゴリーの中でもそれぞれ右肩上がりになるように並べていきます。

この右肩上がりで並べ替えたクロゼットの前に立つと、不思議と心がときめき、体の細胞がウキウキしてくるのが実感できます。モノは持ち主の気分を敏感に吸収するので、無意識のうちに自分が感じている「右肩上がりのときめき感」が服たちにも移ります。するとクロゼットを閉めているときでさえ、なんだか軽やかな空気が漂ってくるようになるのです。このときめき感、一度味わうとやみつきになり、カテゴリー別収納が崩れないのです。

そんな細かいところにこだわっても変わらないのでは……なんていっていたら、絶対、損。**こんなときめきマジックを収納の随所に仕込んでおくことも、きれいなお部屋をキープするコツの一つ。**並べ替えるだけなら一〇分で終わるので、だまされたと思って試してみることをおすすめします。もちろん、ときめくモノだけ残っているのが大前提なのはお忘れなく。

靴下類の収納

靴下もストッキングも結んではいけない

よかれと思ってしたことが、思わぬところで人を傷つけてしまうことってありませんか。そんなとき、被害者の心の叫びなどつゆ知らず、傷つけた当の本人は涼しい顔をして過ごしているもの。家の中でいえば、それは靴下類の収納の中で起きることが多いようです。

主婦歴三〇年のSさん（五〇代）のお宅にて。まずは衣類から始めましょうということで、夏物・冬物と洋服の整理が終わり、下着の整理が終わり、「とってもよいペースで進んでいますね。ではこの調子で、次は靴下類の整理にいきましょう！」と、桐《きり》のタンスの引き出しを開けたときのことです。「ああっ」と、私は思わず声をあげてしまいました。

引き出しの中からは、じゃがいものような靴下類がゴロゴロと出てきたのです。正確にいうと、キュッと結ばれてまん丸くなったストッキング、そして、履《は》き口のところから裏返してひとまとめにされた靴下たち。絶句する私に白いエプロン姿のSさんは、「こうするとすぐに取り出せて便利でしょ」「しまうときもくるりと丸めるだけで、とってもラクですよね」とにっこり。ご自宅のレッスンではよく見る光景とはいえ、毎回くらりと後ろによろめきそうになります。

はっきりいいます。ストッキングは絶対、結んではいけません。そして靴下は絶対、裏返してまとめてはいけません。

「よーく、見てみてください」

じゃがいもの一つを指さす私。

「彼ら、今お休み中のはずですよね。……でも、まったく休めていませんよね?」

そうです。収納されている状態の靴下たちは、まさに休養中。いつも激しく使い回され、足と靴の間で蒸れと摩擦に耐え、それでも持ち主の足を甲斐甲斐しく包みつづける彼らのつかの間の休日のはずです。なのに、どうでしょう。結ばれたり、裏返されたりしている靴下たちは、つねに伸ばされ、ゴムの部分には圧力がかかり、いつでも緊張状態。しかも、そのまま引き出しの中に放り込まれた彼らは、開け閉めするたび、あっちにゴロゴロ、こっちにゴロゴロ転がり、たがいにぶつかり合って、おちおち寝てもいられません。そして引き出しの奥に行ったが最後、その存在は忘れ去られ、挙げ句の果てに伸ばしつづけられた履き口はビロリと広がり、寿命がグッと縮まった末、やっとの思いで履かれたときには、「あ、これ伸びてる」と舌打ちされたりするのです。

靴下たちにとって、これ以上の仕打ちがあるでしょうか。

まず、ストッキングの正しいたたみ方はこう。結んだ状態をほどいて、左右の足部分を重ねて縦に半分に折ります。そして三等分の長さになるようたたみます。このとき、つま先のほうを中に折り込むようにして、腰の部分を少し余らせて飛び出るようにたたむのがポイント。この状態から、ストッキングを下からくるくる巻いていきます。巻き終わったとき、腰の部分が一番外側になっていたら正解です。ひざ下ストッキングも同様で、左右のパーツを重ねて二等分の長さにたたんだら、くるくる巻いてできあがり。要は、最終的に巻きずし状に落ち着けばよいのです。

収納するときは、うず巻きが見えるようにストッキングを立てて入れます。ただし、プラスチック製の引き出しに直接入れると、つるつる滑ってせっかく巻いた部分がゆるくほどけてしまうことがあるので、いったん紙の箱に入れてから引き出しに入れるとよいでしょう。ちなみにストッキング用の仕切りには、靴の空き箱がジャストサイズです。

こうすると、ひと目見ただけで自分が持っているストッキングの数を把握できるし、結ばないので傷まないし、シワにもならないから足入れもラクだし、いいことずくめ。ストッキングもごきげんです。

靴下のたたみ方はもっと簡単。まず、履き口で裏返された部分を元に戻します。左右の靴下を重ね、洋服と同じ要領でふつうにたたみます。スニーカーソックスのようなフットカバー型のモノはシンプルに二つ折り。短めの靴下なら三つ折り、ハイソックスなら四つ折りか六等分に折りますが、これは収納する引き出しの高さに合わせてもよいでしょう。厚手のタイツの場合、ストッキングのように巻くと厚みがですぎてしまうことがあるので、左右の足部分を重ねて縦に半分に折ったら半分の長さにたたみ、靴下のように四つ折りでたたんでもオーケーです。

何もむずかしいことはありません。たたみ方の基本である「できあがりがシンプルな長方形になること」を目指してください。

収納するときも洋服と同様、立てて並べていくだけ。「じゃがいも収納時代」が信じられないほど、少ないスペースで収まってしまうことに驚くこと間違いなし。ほどかれた靴下たちも、ふうと息を吹き返すのがわかります。

ちなみに私は制服姿の学生さんを見ると、無意識のうちに靴下をチェックしてしまいます。そしてハイソックスの履き口がちょっとビロンと緩んでいるのを見つけると、ついつい「靴下の正しいたたみ方はね……」なんて、声をかけたくなったりするのです。

衣替え 季節が変わっても衣替えをしない収納法

六月、それはいわゆる衣替えの季節です。梅雨が近づく時期になるとあたりまえのように使われているフレーズですが、聞くたびに、「ああ、そんな行事もあったなあ」と懐かしく思ってしまいます。**私自身はもう何年も前から、衣替えを一切していないからです。**

そもそも衣替えというのは、古くは中国から来た風習ですが、日本では平安時代の宮中行事にその起源があります。それが明治時代以降には、制服を着る人の制度として六月から夏服に、一〇月からは冬服に、と定着してきたものです。つまり、もともとは学校や会社などの組織の中での決まりごとだったはずで、ふつうの人がおうちで衣替えをする義務はとくにありません。

それでも私もかつては、なんとなく衣替えをしなければいけないような気がしていて、毎年六月と一〇月にはせっせとクロゼットの中の引き出しを入れ替えたり、引き出しの中の順番を変えたりしていた時期もありました。

でも、正直いって面倒くさい。クロゼットの上のボックスに着たい服があっても取り出すのがおっくうで、妥協して別のものを着てしまったり、うっかり六月どころか七月も過ぎてしまって、ようやく夏物を出したと思ったら、つい最近、同じような服を新しく買ってしまっていたり。衣替えをしたとたんに季節が逆もどり、なんていうのもよくある話。とくに最近は、冷暖房の設備も整ってきているので、暑い寒いもあいまいになってきて、冬でもTシャツを着ることなんて珍しくありません。衣替えという行為自体、時代に合わなくなっているのではないでしょうか。

この際、衣替えはしないと決めてしまいましょう。つまり、オンシーズンの服もオフシーズンの服もふだんからいつでも使える状態にして、引き出しの入れ替えなどは一切しないことにするのです。

お客様にも衣替えはしない収納をおすすめしていますが、つねに持っている服を把握できるので、非常に好評です。とくにむずかしいテクニックなどは必要なくて、

「衣替えをしない」前提で服を収納していけばだいじょうぶ。**つまり、夏服・冬服・春秋服といった季節ごとの分類をやめ、単純に洋服の形や素材で分類して収納していけばいいのです。**

手順としては、まずTシャツやカットソーなどの「かぶり形」・カーディガンなどの「はおり形」など洋服の形で分類し、それぞれ「コットンっぽい服」「ウールっぽい服」というようにざっと素材別に分けて引き出しに入れていきます。季節での分類はあいまいになりがちですが、形や素材ならば分け方は明確で簡単です。

収納場所に余裕がない場合は、小物類だけ衣替えするようにします。つまり、夏物なら水着や帽子、冬物ならマフラーや手袋、耳あてなど。小物ではなく大物ですが、コートも同じように考えてよいでしょう。これだけなら奥にしまってもオーケーです。

それでも収納場所が足りなくてオフシーズンの服を奥にしまわざるをえない場合は、収納法を工夫しましょう。衣替え用というと、フタがついたボックス型のケースを想像する方が多いのですが、じつはこれを使いこなすのが一番むずかしい。フタの上についついモノを置いてしまって、取り出すのがとたんに面倒になり、うっかり季節が過ぎていく、なんてことが起きやすいからです。**これから収納用品を買うのであれば、気軽に取り出せる引き出し型のモノが絶対におすすめです。**

要するに、オフシーズンの服であってもなるべく「しまい込む」状況にしないこと。なんとなくですが、**奥にしまい込まれて半年ぶりに出された服たちって、息苦しかったのか、弱っているように見えるのです。**だから、たまには空気や光に触れさせて、見たり触れたり、「次の季節もどうぞよろしく」と気にかける。こんなふうに折に触れてコミュニケーションをとっていたほうが、服もいきいきと長生きし、彼らとのときめき関係も長持ちすると思うのです。

本の片づけ方 すべての本を床に全部並べてみる

衣類が終わったので、次はいよいよ本類の片づけです。「捨てられないモノ」ベスト3に入るモノの一つが、本です。読書好きの人もそうでない人も、「本だけはなかなか捨てられない」という方は多いと思います。けれど、本を捨てられない大きな原因が、そもそもその「捨て方」が間違っていることにあるのは、意外に知られていない事実です。

外資系コンサルティング会社に勤めるYさん（三〇代）は大の本好き。話題になっているビジネス書はひと通り読みつくしているほか、小説もマンガも幅広く読む彼女の部屋は、それこそ本で埋めつくされています。天井まである大きな本棚が三つある以外にも、収まりきらない本たちが床の上から腰くらいの高さまで積み上がり、今にも崩壊しそうな危ういタワーがざっと数えて二〇棟。部屋の中を歩くのに腰をクネクネさせてタワーを避けながら進まなければならないのも、なんだか妙な気分です。

「さっそくですが、本棚から一冊残らず本を出してください。すべて床に積んでいきます」

私がいつものようにこういうと、Yさんは目を丸くしました。

「全部、ですか？　けっこうな量、ありますよ」

「はい、知ってます。全部出してください」

私がさらりと答えると、Yさんは、「そうではなく、あの……」と少しいいにくそうに続けます。

「ふつうに本棚に入れたままタイトルを見て選んだほうが、ラクだと思うのですが」

たしかに、本はたいてい一か所に収納されているし、背表紙がズラリと並んで見えている状態のわけですから、そのままでも選ぶことは可能です。それに本は重さがあるし、出し入れするのはけっこうな労力がかかるもの。最後は結局同じ本棚に戻すのだから、わざわざ全部出すのは二度手間だし、面倒くさい……。そう思うかもしれません。**けれど、一度本棚からすべての本を出すこの作業は、絶対に飛ばしてはいけません。**なぜなら本棚に収まっている状態のままでは、ときめくかどうかという判断で本を選ぶことができないからです。

本にかぎらず、服でも小物でもそうですが、収納に収まって長らく動かされていない状態のモノは、じつは「寝ている」のです。気配が消えている、といってもよいでしょう。草陰に潜んで微動だにしないカマキリがまわりと一体化して見えなくなるのと同じように（気づくとびっくりしますよね）、見えているのに見えていない。棚や引き出しに入ったままのモノを見て「ときめきますか」と自分に聞いてみても、いまいちピンとこないのです。

だから、モノを残すか捨てるか選ぶときは、収納からいったん出して、起こしてあげること。はじめから床に積んであった本たちでさえ、少しでも場所をズラしたり、あえてもう一度積み直したりしたほうが、断然選びやすくなります。寝ている子どものほっぺをぺちぺちたたいて起こしてあげるみたいなイメージで、物理的に動かすことで風を通して刺激を与え、モノの意識をはっきり目覚めさせます。

実際、私が片づけの現場でやっているのは、積んである本の表紙を軽くペシペシたたいたり、本の山に向かって柏手《かしわで》を打つようにパンッと手を打ってみたり……。皆さん、不思議そうな顔をされますが、その後の本を選ぶスピードと精度がまったく違ってくることに驚きます。

「いるモノとそうでないモノが、はっきりわかる！」というのです。**むしろ本棚に入れっぱなしの状態で選んでしまったほうが、結局必要なモノを選びきれず、もう一度最初からやるハメになり、こちらのほうが二度手間になるのです。**

あまりに量が多く一度に床に置ききれません、という場合は、本もカテゴリーごとにざっと分けて床に積んでいきます。本の分け方は大きく分けて四つです。

一般書籍（小説・ビジネス書などの読みもの系）
実用書（参考書・レシピ本など）
鑑賞用（写真集など）
雑誌

このほか、マンガや旅行ガイドなど、自分の持っている本に応じて新しいカテゴリーを作ってももちろんかまいません。

持っている本たちを積み上げたら、一冊一冊手にとって、残すか捨てるか、判断していきます。**もちろん基準は、「触ったときに、ときめくか」。これは触るだけでオーケーで、中身はけっして読まないでください。**なぜなら、読んでしまうと、ときめくかどうかではなく、必要かどうかと、判断が鈍ってしまうことがあるから。

自分にとってときめく本だけが並んでいる本棚を想像してみてください。イメージするだけでうっとりしてきませんか。本好きの人間にとっては、これ以上ない幸せを感じることができるはずです。

未読の本 いつか読むつもりの「いつか」は永遠に来ない

本が捨てられない理由ナンバーワンは、「また読み返すかもしれないから」というもの。

もちろん、実際に何回も読み返していたり、「ときめく」と迷いなく答えられるような本であれば、捨てる必要なんてありません。ここで問題にしたいのは、「一回読んだきりだけど、また読み返すかもしれないと思っている本」についてです。

こうした本が手元にあったら、ぜひ、こんな質問を自分に投げかけてみてください。

「その本を、前に読んだのはいつ？」

「読んだ後、何か生活習慣や行動で変えたことはある？」

「今、本屋にその本が並んでいたとしたら、買う？」


ちなみに私のお客様に同じ質問をしてみると、たいていこのような回答になります。

「この本を前に読んだのは、二年前ですね」

「読んだ後、いくつか試したいことがあったのですが、まだ実践できていません」

「今本屋で買うなら、同じ題材の、別の本を選ぶと思います」

そうやって一通りその本と自分の関係について向き合っていただいたうえで、再度「その本、持っていてときめきますか？」と聞くと、たいてい「……ときめきません」となるのです。


結論を言いましょう。

「ときめくかどうか迷っている」時点で、読み返される本は、ないのです。

ここでも、「そのモノが持つ本当の役割を考える」ということをやってみましょう。

そもそも本というのは、紙です。紙に文字が印刷してあって、それを束ねたモノを指します。この文字を読んで、情報をとり入れることが、本の本当の役割です。本に書いてある情報に意味があるのであって、「本棚に本がある」こと自体に本来、意味はないわけです。

つまり、私たちが本を読むのは、本を読むという経験を求めているということです。一度読んだ本は、「経験した」ということ。内容をしっかり覚えていなくても、すべてあなたの中に入っているはずです。

ですから、本の場合も、読み返すかどうかとか、身についたかどうかを頭で考えるよりも、一冊ずつ手にとって、ときめくかどうかで判断してみてください。手にとって本当にときめく本、本棚に置いてあるのを見るだけで、「この本がここにあるのが幸せだな」と思えるモノだけを残しましょう。

もちろん私が書いているこの本も例外ではありません。手にとってときめかなかったら、迷わず捨ててほしいと思います。

では、途中までは読んだけど、まだ読み終わっていない本。そして買ったはいいけれど、まだ読みはじめていない本。こうした「いつか読むつもり」の未読の本はどうすればいいのでしょうか。

最近はインターネットで手軽に本を買えるようになったからか、一人あたりの未読本の所持数はぐんと増えている気がします。三冊くらいなら少ないほう、多い人だと四〇冊以上あるのではないでしょうか。この前買った本を読まないまま、また新しい本を買ってしまって、ついつい読んでいない本がたまっていくのです。

そしてこの未読本が「一度読んだ本」に比べてやっかいなのは、圧倒的に捨てにくいこと。

以前、とある社長さんに対し、オフィスのデスクまわりの片づけレッスンをしたとき、こんなことがありました。さすが、社長さんだけあって、本棚にはむずかしそうなビジネス書がズラリ。カーネギーやドラッカーなどいわゆる古典モノから、最新のベストセラーまで、その見事な品ぞろえは、まるでちょっとした本屋さんのようです。けれど、そのあまりに整然とした陳列ぶりに、イヤな予感がしたのです。

本の片づけをいざ開始したところ、「これ未読で」「これも未読で」と、次々と、未読コーナーに本が積まれていくのです。終わってみれば、未読本がまさかの五〇冊。本棚のラインナップがほとんど減っていません。**捨てられない理由を聞いてみると、**

私の「片づけ想定問答集」定番の「いつか読みたいと思っているから」。

でも、恥ずかしながら、私の経験も含めて断言します。その「いつか」は永遠に来ないのです。

人に薦められた本であっても、ずっと読もうと思っていた本であっても、一度読みどきを逃してしまった本は、この際、すっぱりあきらめましょう。買ったそのときは読みたいと思ったのかもしれませんが、結局、読む必要はなかったということを教えてくれたのがその本の役割だったのです。**途中まで読んだ本も最後まで読みきる必要はありません。その本の役割は途中まで読むことだったのです。**

だから、未読の本はすべて捨てる。何年もほったらかしの未読の本よりも、今読みたいとピンときた本を読んだほうが、断然いいはずです。

未読の本の定番ともいえるのが、英語の本と資格の本です。

本をたくさん持っている人は、間違いなく意識が高くて、勉強熱心な人です。だから、お客様の本棚に、参考書や勉強の本がズラリと並ぶ光景を見ることも珍しくはありません。

英語の本は、たとえばＴＯＥＩＣの参考書、海外旅行に役立つ英会話、ビジネスで使える英語など。資格の本は本当にさまざまで、簿記、宅建、秘書検定など定番モノから、アロマテラピーや色彩など、こんな資格もあるのか……と感心することもしばしば。このほか、学生時代の教科書や、ペン習字の練習帳なんかもよく見かけるものの一つです。

そんなわけで非常に発見率の高いこれらの勉強本、もしあなたが持っていて、「いつかやろう」と思っているならば、今すぐ手放してみることをおすすめします。

なぜなら、多くの人が、実際には持っている勉強本を使っていません。その実践率たるや、私のお客さんの場合、なんと一五％以下。ほとんどの人が、本を買ったものの活用していないのです。それでも捨てられない理由を聞いてみると、「いつか勉強したいと思って」「時間ができたらやろうと思って」「英語を身につけたほうがいいと思って」「経理なので、簿記の勉強をと思って」と、まさに「思って」のオンパレード。

「思った」だけで、まだ手をつけていない未読の勉強本は、思いきって一度手放してみるのが正解です。

本を手放して初めて、その勉強に対する自分の情熱がわかります。手放した後、とくに何も変わらなければ、それはそれでよしとしましょう。手放してもまた本を買いたくなるほどであれば、また買ったときに今度こそ勉強すればよいのです。

残すべき本　「殿堂入り」の本は迷わず手元に残す

今でこそ持っている本は常時五〇冊くらいに収まっている私ですが、元はといえば、本だけはなかなか捨てられないタイプの人間でした。

そんな本好きの私でしたが、「ときめきで選ぶ」を実践した後、私の本棚に残った本は一〇〇冊くらい。このままでも平均と比べればけっして多いほうではないはずだけど、もっと減らせる気がしてならなかったある日のこと、あらためて、本棚の本をじっくり観察してみることにしました。

まず、捨てるなんて言語道断、迷いなく「ときめきます！」と断言できるレベルの本。私の場合は『不思議の国のアリス』がその筆頭で、小学一年の頃から変わらない、本棚にあるのを見るだけでハッピーになれる、特別な一冊です。こうしたいわゆる「殿堂入り」レベルの本は簡単で、もちろん迷わず残しておけばよいのです。

次に、「殿堂入り」ほどではないけれど、心がときめく本たち。これは年齢によって入れ替わっていくモノだけど、今は絶対手元にとっておきたいと思えるレベルの本。さすがに現在は残していませんが、当時、私が片づけに目覚めるきっかけになった『「捨てる！」技術』なんかはちょうどこのレベル。これも、ときめきを感じるうちは残しておいてよいでしょう。

やっかいなのは、ときめき度がそこそこのレベルの本。一回読んで、おもしろかった。触ってときめくかといえばそこまではないけれど、随所に心に響いた言葉があって、また読み返したくなるかもしれないし……とついつい捨てられずにいる本たちです。別に捨てなきゃいけない義務はないのだけれど、片づけ道をとことん極めたい私としては、ときめき度がそこそこレベルのモノをただ漫然《まんぜん》と見過ごすわけにいきません。このあたりの本をどうにか心置きなく手放す方法はないものでしょうか。

そこで始めたのが、「本のカサ減らし片づけ法」。要するにこれらは、本全体というより、一部の情報やハッとした言葉をとっておきたいだけ。だったら必要な箇所だけ残して、あとは捨ててしまえば問題ないはずと考えました。

心に響いた言葉や文をノートに書き写して、オリジナルノートをつくることにしました。これを続けたら、自分だけのお気に入り名言集みたいなものができあがって、あとで見返したときに興味の軌跡がたどれておもしろいかも、と思ったのです。いいこと思いついたと、ウキウキしながらお気に入りのノートをおろして、さっそく制作開始です。まず、ピンときた箇所に線を引いて、ノートに本の題名を書いて、その内容を写していきます。

しかし、始めたとたんに面倒くさい。単語ならともかく、文章を書き写すのはなかなか手間がかかるのです。それにあとから見返すことを考えると、ていねいな字で書かなければいけません。一冊の本に一〇か所も好きな文章があれば、かかる時間は少なく見積もっても三〇分。これが約四〇冊分あると思っただけで軽くめまいがしてきて、アッサリ挫折するよりありませんでした。

その後、本のページをコピーしてノートに貼《は》ったり、とっておきたい該当ページを大胆にビリビリと破いてそのままファイルに入れたり、あらゆる手法で「本のカサ減らし片づけ法」を試していきましたが、最近はもっぱらパソコンを使ってウェブ上に情報を保存する方法に落ち着いています。

スマホのメモ機能や、クラウド共有サービスを使って、本の中でも心に残った一節だけをメモするようになってからは、心置きなく本を手放せようになり、大満足です。

これは私にとってときめく方法ですが、もちろん、手書きのノートをつくるのでも、イラストで内容を残すのでも、この辺りは自分がときめく方法を見つけ出すのがオススメです。

話題を本に戻すと、本として手元に残すのは、心からときめくモノだけ、がルールです。

これは最近感じることですが、**本を手元にストックしすぎないほうが情報の感度は上がります。**物理的にためておく情報を軽くすればするほど、つねに入ってくる情報に敏感になり、新しい情報に対して行動を起こせるようになり、自分にとって必要な情報も入ってきやすくなってくるのです。

これは、とくに本や書類をたくさん手放していただいた多くのお客様から聞くことでもあります。

本はタイミングが命。出会ったその瞬間が読むべき「時」なのです。その一瞬の出会いを逃さないためにも、手元には本を置きすぎないことをおすすめします。

書類整理 書類は「全捨て前提」で片づける

本類の整理が終わったあとは、書類の整理です。

たとえば、壁にかかるポケット型収納にパンパンに入った郵便物。冷蔵庫にベタベタ貼ってある子どもの学校のお知らせプリント。電話の横に立てかけてある返信していない同窓会のハガキに、テーブルに放置してある数日分の新聞。家の中には、いつの間にか書類がたまっていく吹きだまりポイントがいくつかあります。

書類は、一枚一枚が薄いために「これくらいとっておいてもいいか」となりがちで、あっという間にたまってしまうのが問題です。しかも、薄いとはいえ中には情報が書いてあるため、整理するには時間がかかる。書類ほど、一度ためるクセをつけてしまうと、たちの悪いモノはありません。

結論からいうと、書類の片づけのルールは、「全捨て」です。

こういうとたいてい、ぎょっとした顔をされて驚かれてしまうのですが、本当に書類をゼロ枚にするという意味ではありません。「全捨て前提」の覚悟を持って選ぶ、という意識が大切なのです。

このルールができたきっかけとなる、あるお客様とのやりとりをご紹介しましょう。

このお客様はかなりモノが多く、すでに半年近く私のレッスンを続けてくださっていた、いわゆるなじみのお客様だったのですが、ある日、書類の片づけ中に、シュレッダーを前にこんな冗談を言ってみたことがありました。

「書類が多すぎるので、私が今から、残りの書類を全部捨てますね」

「ちょ、待ってください！」と、当然あわてるお客様。

「せめてこれとこれと、この書類、あと、こちらの書類だけは残してください」

「あ、冗談です。ごめんなさい」と、予想以上に本気に受け取ってしまったお客様にお詫びをしつつ、片づけを続けようとすると、その方は書類を前に一瞬考えたような表情をしたあと、言いました。

「……。あれ？　ひょっとして、私が必要な書類って、今言ったものだけかも」

そう気づいたお客様は、「全捨て前提で、本当に必要な書類だけを残す」という基準で片づけをしたところ、これまでとは比べものにならないほどスピーディーに、必要な書類を選び出すことができたのです。

書類を選ぶときばかりは「中身を見ずに触ったときのときめきだけで」というわけにはいきません。やはり、一枚ずつ内容を確認する作業が必要です。要注意なのは、封筒などにまとめられている書類たち。中にはいらない広告などが混ざっていることも多いので、必ず中身をすべて出して、一枚残らずチェックします。

残す書類の目安は「今使っている」「しばらく必要である」「ずっととっておく」の

三つ。あとはもちろん、「ときめく」書類です。

ちなみに、ここでいう「書類」には、昔もらったラブレターや日記などは含めません。これらの「思い出系」のモノに手をつけてしまったが最後、書類の片づけスピードがガタ落ちしてしまうのは目に見えているからです。

書類の片づけの最中に「思い出系」に該当するものを見つけたら、それはここで頑張らずに後回し。以下にあげた、一般的な書類カテゴリーを参考にしつつ、一気に片づけていきましょう。

郵便物・広告系
取り扱い説明書
契約書類
仕事関係の書類
経理系の書類（カードの明細・領収書など）
趣味の書類（セミナー資料・切り抜きなど）

その他、子どもの学校関連のプリントだったり、メモ書きだったり、持っている書類のバリエーションは、人によって本当にさまざまですが、「紙でできたモノで、本でも文房具でもなく、かつ思い出品に該当しないモノ」は基本的に書類のカテゴリーとして片づけをしていきます。方法は基本通り、持っている書類をすべて一か所に集め、一枚一枚見ていくこと。

それから、書類の片づけのポイントがもう一つ。残す書類を選ぶときは、同時に書類の分類をしながら進めていくと、のちのちのファイリングなどがスムーズです。

私の書類の分類法はごく単純で、残す書類を大きく二種類に分けて考えます。それは、保存か、未処理か。

まず明確に分けられるべきなのは「未処理」のほうです。これはその名の通り、自分が処理しなければならない書類のこと。返信が必要な手紙や、提出する予定のプリント、目を通すつもりの新聞なんかがこのカテゴリーです。**これらの書類を入れる「未処理コーナー」をつくりましょう。ポイントは、このコーナーは必ず一か所だけにすること。絶対に分散させてはいけません。**おすすめは、書類を立てられる縦型収納ボックスを一つ、未処理コーナーに決めてしまう方法。ここに未処理のモノをすべて、分けずにどんどん入れていくのです。

そして保存の書類ですが、これは使用頻度でさらに二つに分けます。といっても複雑な分け方はしません。使用頻度が低いモノとはつまり契約関係の書類で、それ以外は使用頻度が高いモノと考えます。

契約書類とは、たとえば保険証券や保証書や賃貸の契約書など。これぱっかりは、ときめきとは無関係に自動的にとっておかなければならないモノたちです。ほとんど自分からは取り出す機会もないので、保存にはもっとも手を抜いていいのがこのカテゴリー。おすすめなのは、ふつうのクリアファイルに、何にも考えず、ひとまとめに入れてしまう方法です。

そして最後は、使用頻度が高い保存書類。つまり、契約書類というわけではないけど保存したいもの。たとえば、雑誌の切り抜きだったりセミナーのレジュメだったり、ちょくちょく自分で見たいと思うモノがここにあてはまります。これらは、本のように見やすい状態になっていると便利なので、ブック状のクリアファイルが最適です。

おさらいすると、書類は未処理・契約書類・その他の保存書類の三種類。それぞれボックスやファイルにまとめてしまって、収納する場所も分散させないのがポイントです。

忘れてはいけないのは、この未処理ボックスは「空っぽが前提」ということです。**つまり、この未処理ボックスにモノが残っているということは、あなたが人生でやり**

残している未処理があるということ。つねに空っぽを目指していきましょう。とはいえ、私も自宅の未処理ボックスを空っぽにしたことがないのですが……。

書類あれこれ　やっかいな書類はこうして片づける

書類は「全捨て」が基本ですが、とはいえ、捨てにくい書類というのはやっぱり誰だってあるものです。ここでは、やっかいな書類の攻略法を考えていきましょう。

●セミナー資料

アロマテラピー講座、ロジカルシンキング講座、マーケティングにコーチング。勉強熱心な方なら行ったことのある、これらのセミナー。最近では「朝活」ブームで早朝セミナーが開催されたり、時間も内容の幅も広がっていろいろ選べるようになりました。講師の方が一生懸命つくってくれたレジュメは勉強した勲章のようで、たしかに捨てづらい。でも、勉強熱心な方のお部屋ほど、かなりのスペースをこれらの書類に占有されてしまっていて、お部屋になんともいえない圧迫感が漂っているのです。

広告代理店に勤務するMさん（三〇代）の部屋に入った瞬間、オフィスにいるような錯覚《さっかく》におちいったことがありました。目に飛び込んできたのは、ズラリと並んだファイルの背表紙たち。これは「全部、セミナーでもらったテキスト類です」とMさん。自他共に認めるセミナーマニアだという彼女は、これまで参加してきたセミナーの資料をすべてファイリングして保管してあるのだといいます。

「いつか勉強し直したい」、これもよく聞く声です。しかし、勉強し直したこと、ありますか？　そうです、多くの人はないのです。

ここからは自戒《じかい》も込めて書きますが、セミナーというのは、学んだ内容を実行しなければ、はっきりいって意味がありません。受講後に、行動や生活習慣を変えられるか、次のアクションが起こせるか、がカギなのです。なぜわざわざ高いお金を払ってセミナーに行くかというと、内容自体は本でも何でも読めばよいわけで、そのセミナー自体の空気感や講師の情熱を感じに行くわけです。つまり、セミナーの本当の価値はセミナーそのものであり、生モノなのです。

だから、セミナー資料があるだけでは自分は何も変わらない、という事実を認めたうえで、これらも「全捨て前提」で厳選、がルールです。

ちなみに先ほどのMさんの場合、二〇〇〇冊近くあったセミナー資料から次々とやるべきアクションプランだけを手帳に書き起こし、最終的に手元に残ったのは、心からときめく五冊だけとなりました。

●電化製品などの保証書

テレビやパソコンなど、電化製品には必ずついてくる保証書たち。家庭内にある書類の定番中の定番だけあって、多くの方が、きちんとまとめて保管してあります。

一般的なのは、ブック状になったクリアファイルか、ジャバラ状のファイルを使った保管法。どちらも製品ごとに細かく区分けができるのが魅力です。もちろん、これらの収納法もけっして悪くはないけれど、分けられすぎているゆえに見落としてしまうことも多いのです。

私のおすすめの管理法はズバリ、ふつうのペラッとしたクリアファイルを一つ用意し、分けずに入れること。

保証書を使う機会を考えてみると、おそらく一年に一回あるかないか。このギャンブル並みに低い確率でしか使用しない書類を、一つひとつ懇切《こんせつ》ていねいに分けて保管する必要がいったいどれくらいあるのでしょう。それに、いざ保証書を使うことになったとしてもファイルに見出しをつけていなければ、ページをペラペラめくって探すわけです。だったら、クリアファイルに一つにまとめて入れて、探す際には丸ごと出して探すのと手間はほとんど変わりません。

それに保証書の場合、細かく分けすぎると、一つひとつを目にする機会が減るので、気づかないうちに期限切れの保証書がたまりがち。一つ必要になるたびにファイルごと探すようにすれば、「あ、これ期限切れてる」と、自動的にすべての保証書のチェックができてしまうのです。

これなら定期的に中身を見直すなんて面倒なことをしなくてすむし、クリアファイルはどの家にも必ずあるモノなので、わざわざ買う必要もなし。しかも、使うスペースは今までの一〇分の一以下といいことずくめです。

●電化製品などの取り扱い説明書

まず、冷静に考えてみましょう。これまで何回くらい、取り扱い説明書を使ったことがありますか。

片づけをすると、説明書の類は手放してしまう方がほとんどですが、皆さんそろって「何にも、困らなかった」とおっしゃいます。何かトラブルが起きてもなんとか自分で試しているうちに解決できたり、どうにもならない場合は買ったお店に聞いたり、インターネットで調べたり。最近では、取り扱い説明書自体をインターネット上で見られることも多いようです。どうしても手元に置いておきたい説明書のみ、厳選してとっておきましょう。

余談ですが、以前片づけレッスンで「電化製品の取り扱い説明書はいらない」と豪語したあとに、ちょっぴりお客様がさみしそうな表情をしたことがありました。聞けば、なんとその方は、まさに説明書を作成するお仕事をされているとのこと。「そうですよね……見ないですよね」とつぶやくお客様に、自分の態度を猛省した私。それ以降、取り扱い説明書に関しても、ときめくモノなら残す、手放すときは感謝をこめて、という原則をていねいに説明するようになりました。

●カードの明細書

カードの明細書は、多くの人にとって、この月にこれにこれだけお金を使いましたよ、ということをお知らせするためのものです。確定申告で必要な人を除いては、確認して、「ああ、そうか、これだけ使ったのか」と納得するなり家計簿に書き写すなりしたら基本的にはお役目終了です。最近は、メールやインターネットで利用金額の明細が確認できるサービスが主流になってきたので、そちらに切り替えるのもオススメです。

●給与明細・使用済みの通帳

こうしたいわゆる経理系の書類に関しては、確定申告がある方以外は、何年分は保存する、というマイルールを決めてしまうのが一般的です。ちなみに私の場合は、給与明細は即処分、古い通帳も迷わず処分していました（見返すと預金が増える、なんてこともないため）。

「見返すことでときめく」「自分の頑張った証としてとっておきたい」という場合なら、それは立派なときめきグッズとして、段ボールなどではなく、ときめく箱やファイルを使って収納してあげてください。

●年賀状

年賀状の役割は「今年もよろしくお願いします」という新年のあいさつをすることです。つまり、新年に受け取った瞬間、役割は終わっています。お年玉番号の確認が済んだら、「今年も気づかってくれてありがとう」で手放してしまってだいじょうぶです。次の年の住所録として利用している場合は、一年分だけとっておきます。二年前以降の年賀状はときめくモノだけ選びますが、今の段階で判断がつかなければ、思い出品のカテゴリーとして後回しにしましょう。

●名刺

名刺の片づけをしてみると、まったく顔も思い出せない人の名刺をたくさん持っていることに皆さん驚くようです。一度連絡を取った人の名刺は、メールの履歴にアドレスが残っているので基本的には不必要。連絡しよう、と思っている人がいればその場でメールアドレスをパソコンやスマホでメモする、時間がなければ写真だけを撮っておく。最近は、写真で撮るだけで名刺のデータを取り込んでくれるアプリも登場したので、そうしたものを活用するのも便利です。

憧れの人の名刺や、ご利益がありそうな人の名刺など、「ときめき枠」の名刺があれば、堂々ととっておきましょう。

小物類　「なんとなく」ではなく、「ときめくモノ」だけを残す

引き出しを開けると、そこには不思議な小箱がありました。

なんだか素敵な物語が始まりそうで胸が高鳴るシチュエーションですが、私の場合、まったくときめきません。中に入っているモノがおおかた想像できてしまうからです。**フタを開けると見えるのは、小銭、ヘアピン、消しゴム、服の予備ボタン、腕時計を調整したとき出た金具、使用済みかどうかもわからない乾電池、病院で処方されて余った薬、古いお守り、キーホルダーなど。どうしてここに置いてあるのかと聞けば、答えはたいてい「なんとなく」。**

そう、小物類って「なんとなくとっておかれて、なんとなく収納されて、なんとなくたまっていってしまうモノ」なのです。考えてみれば「小物」という言葉もあいまいで、あらためて意味を調べてみたら、「こまごまとしたもの。小さい道具類や付属品など。つまらない人物。つまらない小魚」（『大辞泉』）と出ていて、つい「なんと

なく」な扱いをしてしまうのもわかります。
けれど、そろそろ、そんな「なんとなく生活」と決別してもよい頃ではないでしょうか。小物だって、あなたの人生を支える大切な一部分。一つひとつ触ってみてあげて、きちんと片づけていくべきです。衣類でも書類でもない「小物類」の片づけは、あまりに該当範囲が広くて複雑そうにみえますが、カテゴリーごとに整理していけば、とっても簡単。大まかに分けて、一般的な小物のカテゴリー分類はこうです。

CD・DVD類
スキンケア用品
メイク用品
アクセサリー類
貴重品類（印鑑・通帳・カード類）
機械類（デジカメ・コード類など〝電気の香りのするモノ〟）
生活用具（文房具・裁縫道具など）
生活用品（薬類・洗剤・ティッシュなど消耗品）
キッチン用品・食料品

その他

このほかに個人的な趣味のモノ、たとえばスキー用具やお茶道具などを持っている場合はそれを一つのカテゴリーとしていっぺんに整理してください。

片づける順番に関しては、自分が選びやすいと思ったものから手をつけてオーケーです。より個人的なモノ、カテゴリーがはっきりしているモノ、かつ収納場所を決めやすいモノから片づけていくとスムーズにいきやすいので、右の順番のまま進めるのもオススメです。

とはいえ、ここで一番いいたいのは、**多くの人が、あまりにもたくさんの「なんとなく持っている小物」に囲まれて生きているということ。**まずは今自分が持っている「なんとなく持っているモノ」を認識して、「ときめくモノ」だけを残していくことを徹底してください。

小銭 合言葉は「小銭を見たら、財布にイン！」

カバンの底には一円玉、引き出しの奥には一〇円玉、そして机の上には一〇〇円玉。こんなふうに小銭をなんとなく置いてありませんか。

お客様の自宅を片づけていると必ずといってよいほど発見される小銭は、まさに「なんとなく小物」代表選手。玄関・キッチン・リビング・洗面所……家じゅう、至るところの家具の上や引き出しの中に、その存在は発見されてきました。

小銭だって立派なお金なのに、お札と比べてひどい扱いようだと思いませんか。だいたい、おうちの中で小銭が必要になる場面なんてないのに、こんなに発見されるのもおかしな話です。

おうちの中で小銭を見つけたときに私がとっている処置は、「即、お財布行き」。貯金箱には入れません。こればっかりは一か所に集める必要もなく、見つけしだいすぐさまお財布に入れてしまうのが正解。ここで貯金箱に入れたところで、小銭の放置場所を変えたにすぎないからです。

とくに長年同じおうちに住まわれている方に多く見られるパターンなのですが、目標がなく続けている小銭貯金をきちんと両替している例を正直見たことがありません。「知らず知らずのうちにたまっていたら、ちょっとハッピー」くらいの目的意識なら、まさに今が両替のチャンス。

なぜなら、貯金箱がいっぱいになったらなったで、たまった小銭はけっこう重く、銀行に持っていくのがますます面倒くさくなってしまうから。すると、なぜだか次はビニール袋に小銭をためはじめたりして、数年後にはパンパンになった袋が戸棚の奥から発見されるのです。久しぶりに見た中の小銭は緑や黒に見事に変色、チャリンチャリンと鳴る音もなんだか鈍く、鉄分とカビの混ざった香りがぷーんとあたりに漂う始末。ここまでくると、いよいよ見て見ぬふりをしたくなる。小銭の、お金としてのプライド丸つぶれのこの様子、書いていてもつらいけど、実際見るともっとせつないものなのです。

これからは、「小銭を見たら、財布にイン!」を合言葉に、家の中で泣いている「なんとなく小銭」たちを救出してあげてください。

余談ですが、小銭の放置方法は男女によって差があります。男性の場合はポケットにそのまま入れてしまうほか、棚や机の上などわりと目立つところに放置するのに対し、女性の場合は箱に入れたり、袋詰めにしたものをさらに引き出しに入れ込んだりして、しまい込む傾向にあります。

外からの攻撃に対しすぐさま対応できるよう行動する男性の本能と、家を守るという女性の本能が、小銭の放置のしかたにも表れているなんて、DNAって不思議……。と、しみじみ生命の神秘に思いをはせたりしながら、今日も片づけの魔法を振りまいています。

小物類あれこれ
なんとなく置いてある「捨てるべきモノたち」

ときめくか、ときめかないか。そんなことを考えるまでもなく、気づけばすぐに捨てられるモノって意外に多いものです。片づけをするとき、なかなか捨てられないモノを手放すことはもちろん大事だけど、同じくらい大事なのは、別に理由はないけれどなんとなく持っているモノにどれだけ気づけるか、ということ。不思議な話ですが、ほとんどの人がこうした「なんとなく小物」に対して、持っている自覚すらない、というのが現実なのです。

●プレゼント類

キッチンの棚の一番上に置いてある、引き出物の食器類。机の引き出しに入っている、旅行のお土産《みやげ》にもらったあのキーホルダー。誕生日プレゼントにと職場の同僚からもらった、不思議な香りがするお香セット。

これらの共通点はもちろん、プレゼントであること。大切な人が、自分のために時間を使って選んで買ってくれた、心のこもった贈り物。簡単に捨てられるはずがありません。

でも、あらためて思い出してみてください。そのプレゼントたちって、たいてい箱入りか未開封、もしくは一回使ったきりなのではないでしょうか。要するに、自分の趣味ではないということ、そこは正直に認めてしまいましょう。

プレゼントの本当の役割って何だと思いますか。それは、「受け取ること」。

プレゼントはモノそのものより、気持ちを届けるモノです。

だから、「受け取った瞬間のときめきをくれて、ありがとう」といって手放してあ

げればよいのです。

もちろんベストなのは、いただいたモノを心から喜んで使うことです。でも、好きではないモノをイヤイヤ使ったり、使わずにしまい込んで見つけるたびに心苦しくなったりするのは、贈り主の本望ではないはずです。

贈り主には感謝を心で伝えつつ、密《ひそ》やかに手放しましょう。

●携帯電話を買ったときの箱類一式

まず、箱自体が妙にかさばります。これは買ったらすぐに捨ててしまいましょう。取り扱い説明書もいりません。使っているうちにだいたい必要な機能は使えてしまうので、だいじょうぶです。いっしょについてくるCDも、お客様にはもれなく捨てていただいていますが、いまだかつて問題になったことがありません。もし困ったことがあれば、携帯ショップの店員さんに何でも質問してみましょう。**自分で説明書を探してウンウン考えてみるより、プロに聞いたほうがあっという間に解決できてしまいます。**

●用途不明のコード類

おそらく今あなたが見て「何のコードだろう」と思うようなモノ、それは一生使うことがありません。**謎《なぞ》のコード類は永遠に謎のままです。**「でも何か壊れたときに必要かもしれないし……」。まったく問題ありません。なぜこんなことをいうのかというと、本当にたくさんのおうちで同じコードが重複してあるのを目の当たりにしているからです。

あまりに多くのコードがありすぎると、実際何かトラブルがあったときに選ぶのが面倒くさくなり、結局買ってしまったほうが早く解決したりします。だからこの際、自分がきっちり把握できるコードだけ残して、謎のコード類は捨ててしまいましょう。おそらくもう壊れて本体のない機械のコードなんかもたくさんまぎれているはずです。

●洋服の予備ボタン

使うことはありません。ボタンがとれるくらいきちんと愛用した洋服であれば、ボタンがとれた時点で寿命であることがほとんどです。ただし、ジャケットやコートなど、とくに自分が長く大切にしたいと思う洋服の場合は、買った時点で予備ボタンを内側に縫い付けてしまうのも手です。

ボタンがとれてしまってどうしても付け替えたい場合は、大きめの手芸屋に行けばひと通りのボタンがそろっていますから、だいじょうぶ。でも、私が現場で見た感覚だと、予備ボタンを持っているときでさえ、ボタンがとれてもそのまま着てしまっていたり、「いつかボタンを付け替えたい」といってそのまま放置してしまったりしているケースも多いような気がします。とっておいても捨てても、使わないという点でまったく同じです。

●電化製品の外箱

「売るときに箱があったほうが高く売れるから」という考えは、はっきりいって損です。箱をとっておいてある大事なスペースをたんなる物置で使ってしまうほうが、家賃として考えれば高くつきます。引っ越しするときに箱がないと不便というのも、だいじょうぶ。引っ越しするときに箱の問題は考えればいいのです。いつやってくるかわからないそんなことのため、限りある貴重なおうちのスペースをポカンと空いた空間に使うなんて、もったいないと思いませんか。

●壊れたテレビやラジオ

なぜだか壊れた電化製品をそのまま放置してしまっている例を、かなりの頻度で目撃しています。あたりまえですが、持っている必要性はゼロ。片づけ祭りのこの機会に、今すぐ粗大ゴミの引き取りの電話をして、処分の手続きをとりましょう。

●「永遠に来ないお客様」用ふとん

敷きぶとんに、かけぶとんに、枕《まくら》に毛布にシーツ類。おふとんセット一式は、予想以上にかさばるもの。定期的にお客様が来るとわかっている場合はまだしも、年一回か二回、来るか来ないかもわからないお客様用のふとんはいりません。これもレッスンで手放すケースが多いモノの代表格ですが、ほぼ問題ないようです。どうしても必要な場合は、レンタルできるふとんなどもありますので、そうしたモノを検討してみるのも一つの手です。

実際は、久しぶりにふとんを取り出したら、カビくさくてとてもお客様に出せないような状態になっていることが多いようです。一度においをかいでみましょう。

●旅行用にとってある化粧品のサンプル

なんだかんだで一年以上使わずに置いてある化粧品のサンプル、ありませんか？

しかも、いざ旅行に行くときにもなぜか選ばれないモノ、持っていますよね。化粧品サンプルの使用期限に関しては、メーカーさんに聞いたところ、二週間というところもあれば、一年間というところもあり、正直定かではありません。けれど、サンプル品は少量のモノですから、通常サイズのモノに比べてどう考えても品質の劣化は早いはず。せっかくの楽しい旅行に、古い化粧品をこわごわ使うのはチャレンジ精神が旺盛《おうせい》すぎます。

●流行に乗って買ったものの、放置してある健康グッズ

ダイエット用のバンド、ヨーグルトきのこ用のガラス瓶、豆乳がつくれるミキサー、乗馬の気分が味わえるダイエット器具といった、健康グッズのあれこれ。通販で買ったものの、高かったし、結局使いきれてないし、捨てるのはもったいない。その気持ち、痛いほどわかります。でもだいじょうぶ。流行モノは、買ったときの高揚感が何よりも大事です。「買った瞬間にときめきをくれてありがとう」「ほんの少し、健康にしてくれてありがとう」と声をかけて捨ててあげましょう。今あなたが元気に生きているのは、あのとき買った健康グッズのおかげだと信じながら……。

●無料だからと、つい受け取ったノベルティーグッズ

ペットボトルについていたクリーナー、学習塾の名前入りのボールペン、イベントでもらったうちわ、ドリンクを買ったらついていたマスコット、スーパーの店頭キャンペーンの抽選で当たったプラスチックのコップセット、ビールメーカーの名前入りグラス、薬の名前入りの付箋《ふせん》、五枚だけペラリと入った油取り紙、お正月のあいさつ回りでもらったカレンダー（筒の状態のまま）や手帳（未使用のまま半年経過）。

私からの質問は一つです。それ、ときめきますか？

思い出品 実家を思い出品の避難場所にしてはいけない

衣類、本類、書類、小物類と片づけてきて、いよいよ最後は思い出品です。

なぜ思い出品が最後なのかというと、捨てるという判断をするのが一番むずかしいから。**文字通り、思い出がいっぱい詰まっている「かつてときめいたモノたち」。それらを手放すと、大事な思い出さえも捨ててしまったような気がするものです。**

でも、誤解しないでください。思い出品の片づけは、過去を捨てる作業ではありません。過去の思い出を、これからの人生に活かしていくために片づけをするのです。

私たちが生きているのは「今」です。**「過去」がどんなに輝いていたとしても、人は「過去」を生きられるわけではありません。今ときめくことのほうがもっともっと大事だと、私は思います。**

ですから、「思い出品」を残すか捨てるかの判断基準もやっぱりその思い出品を手で触って、「今、ときめきますか」なのです。

ある生徒さんのお話をいたしましょう。

Aさんは二人のお子さんを持つ三〇歳、ご家族五人で暮らしています。二回目のレッスンでご自宅にうかがったとき、明らかに前回よりかなりのモノが減ったようです。「Aさん、頑張りましたね！　三〇袋くらいは減ったんじゃないですか」と私が聞くと、「そうなんです！」と満面の笑みで返事をするAさん。

でも、次の言葉に耳を疑いました。

「とっておきたかった思い出のモノはほとんど、実家に送っちゃいましたから！」

実家に送る片づけ法。私もこの仕事を始めた頃は、「送る先があるのは地方に広い実家がある人の特権」なんて考えていたことがありました。当時、私のお客様は、首都圏内に住む独身の女性か、比較的若いお母さんが中心で、「実家に送っていいですか」という質問に、「送るなら、今すぐ送ってくださいね」などとさらりと答えていた時期がありました。

けれど、そんな軽はずみな発言を反省するようになったのは、地方からのお客様も増えてお客様の幅も広がり、「実家」の実態を知るようになったから。

実家という、簡単にモノを送れてしまう便利な置き場所があることは、むしろ不幸なことだと思います。たとえ田舎《いなか》の部屋が充分に余っている家だとしても、そこは無限に広がる四次元ポケットではないのです。

しかも、一度実家に送ってしまった思い出品を引き取りに行くことはまずありません。**一度、実家に送ってしまったが最後、その段ボールの封が解かれることは二度とないのです。**

じつは、先ほどのAさんの場合、後日まさに実家のお母さんが私のレッスンを受けに来ました。つまり、お母さんを無事、卒業させるためにはAさんから送られてきた荷物も無視できないわけです。実家に行ってみると、もともとAさんの部屋だった場所には、本棚一つとクロゼットまるまる一つ、そのほかに段ボール二箱分のモノが残ったまま。要は、Aさんの部屋がほぼそのまま保存されていたのです。

お母さんのリクエストは「リラックスできる自分だけのスペースが欲しい」という

もの。Aさんが嫁いだ今でも、自分だけの場所といえるのはキッチンくらいだといいます。今暮らしているお母さんのためのスペースがなくて、代わりに使ってもいない娘のモノが鎮座《ちんざ》しているというのは、どう考えても不自然な状態だと思いませんか。

ついに私はAさんに連絡をとりました。

「Aさんの実家の荷物の片づけが終わるまでは、Aさんもお母さんも、卒業できません」

そして、Aさんの最終レッスンの日。「私、これで心置きなく余生を送れます！」といきいきとした様子の彼女。どうやら実家の自分の荷物も整理してきたようです。Aさんがあらためて段ボールの中身を見てみると、中から出てきたのは、真っ赤に燃える恋の日記、昔付き合っていた彼との写真、膨大な数の手紙や年賀状……。

「結局、捨てられないモノを実家に送ってごまかそうとしていただけでした」

「あらためて一つひとつ見てみたら、ちゃんとその時々を生きてきたんだなって思えて、『あのときはときめきをくれてありがとう』って、捨てたときに初めて過去と向き合えた気がします」

そうです。思い出のモノは、それを手で触って、ときめかないモノを手放すことで、人は初めて過去と向き合えるのです。タンスの引き出しや段ボールの中に入れっぱなしでは、いつまでたっても、過去の思い出に引きずられ、知らず知らずのうちに今を生きるうえで「重し」になるのかもしれません。

片づけとは、一つひとつの過去に片をつけていくこと。思い出品の片づけは、人生をリセットし、次なる一歩を踏み出すための「片づけ祭りの総決算」ともいえます。

写真 過去の思い出よりも今の自分を大切にしよう

数ある「思い出品」の中で最後に片づけるモノ。

それは、写真です。なぜ一番最後が写真の整理なのかというと、これにはもちろん理由があります。

これまで順番通りに片づけていただけたのであればお気づきの方も多いと思いますが、片づけの最中にいろんなところから写真が発掘されたはずです。たとえば、本棚の本の間だったり、机の引き出しの中だったり、小物が入った箱の中だったり。アルバムに収まっているモノもあれば、一枚だけ封筒の中に入っていたり、友だちから現像してもらった写真が透明の袋に入ったままの状態で発見されたり（これもほとんどの方がそのまま持っています）。本当に信じられないような、ありとあらゆるところから、まるで湧《わ》いてくるかのように出てきますので、これらはとりあえずほかのモノを片づけている間は一か所に集めてしまい、最後に整理したほうが断然、効率がいいのです。

写真の整理を最後にしたのは、もう一つ理由があります。

「触ってときめくかどうか」という判断力がついていない段階で、写真の整理を始めると片づけが止まってしまって、収拾がつかなくなるからです。

でも、衣類→本類→書類→小物類→思い出品と、「正しい片づけ」の順番を経てきたあなたなら、もうだいじょうぶ。自分でも驚くくらい、「ときめきによる判断法」が正確にできるようになっているはずです。

写真を本当の意味で整理する方法は、ただ一つです。ただし、多少の時間はかかります。その覚悟をもって、この方法でやってください。

それは、アルバムに入っていないバラバラの状態の写真を一枚一枚見ていく方法。つまり、アルバムから写真をすべて取り出すのです。

こういうと、「そんな面倒なこと、やってられない」という人がいますが、もちろん、厳選された写真しかない一冊まるごとときめくアルバムだったり、貼り付けるタイプで剝《は》がすことができなかったり、コラージュされているアルバムなら、そのままでもかまいません。

けれど実際は、アルバムに入ってるものの適当だったり、写真屋さんでもらったアルバムに漫然と写真を差し込んでいるだけのケースも多く、かさばるわりに見返しもしない、いわば「なんとなくアルバム」が多いのも事実です。

思いきって、そうしたアルバムからはすべて写真を取り出してください。そして、一枚ずつ手に取って向き合ってみてください。自分でも驚くほど、ときめくモノとそうでないモノがはっきり分かれるのが実感できるはずです。

当然、残すのはときめくモノだけ。この方法で選んでいくと、旅行をした一日分で五枚くらいになってしまうこともあります。

本当に大切なモノはそんなに多くはありません。旅行のときに撮った、どこを写したかもわからないような「ときめき度ゼロ」の風景写真はこの機会に手放しましょう。

写真は、撮っている間にウキウキ感を感じることができたなら、そこに意味があったわけで、プリントされた写真そのものの役割はすでに終わっているモノも多いのです。

ときおり、「老後の楽しみに写真を残しておきます」といって、未整理のままの大量の写真を段ボールのままとっておく人がいます。断言しますが、そのいつかはけっしてやってきません。

こう言い切れるのには根拠があります。そういって整理されずに持ち主が亡くなってしまった段ボール箱入りの写真たちを何度も目の当たりにしてきました。あるお客様に、「これは何の段ボールですか」と聞くと「写真です」との答え。「じゃあ最後に整理しなければなりませんね」と私がいうと、「いいえ、それは亡くなった祖父のモノなのです」というのです。

これまで仕事をしてきたなかで、同じようなやりとりを何度したか数えきれません。**そのたびに、私はやりきれない気持ちになります。この段ボール箱数十個分のスペースが、その人が生きているときに空間として存在していたのなら、どれだけ一日一日が豊かになっていただろうと思うと、とてもせつない気分になるのです。**

これは私の個人的な提案ですが、老後の楽しみというのなら、それは、ときめく写真を見返す時間にしませんか。

たまった写真は、片づけを後ろ倒しにするほど、見るたびに心苦しさを感じてしまうモノです。けれど、一度片づけを終わらせれば、それは残りの人生の最後まで、絶えずあなたをときめかせてくれる、一番大切な宝物となるのです。

写真と同様、なかなか捨てづらいのが、子どもとの思い出品です。「おとうさん、ありがとう」と書かれた、父の日のプレゼント。職員室の前に貼り出された息子の絵。娘が運動会でとってきたメダルたち。こうしたモノが今でもときめくのであれば、もちろん大切にとっておきましょう。でも、捨てるのは子どもに悪いから、と思って残していたのであれば、一度、大人になったお子さんに聞いてみてください。意外と「まだ、持っていたの？ 捨ててもいいよ」といってくれるかもしれません。

ほかにも、あなた自身が子どもの頃の**通信簿や卒業証書**など。これらも漫然と全部をとっておくより、ときめくモノだけ残すことで、のちに見返したり思い出を振り返りやすくなります。

以前、お客様自身の**四〇年前のセーラー服**を発見したときは、さすがの私もキュンとしましたが、懐かしがったお客様がそのセーラー服を着て鏡を見るなり、正気に返ってアッサリ手放していました。

昔付き合っていた人からもらった手紙については、私は全捨て推奨派です。バッグなど実用的なモノなら、モノ自体に純粋にときめいていれば持っておいてオーケーかなと思いますが、彼が忘れられないから、という理由であれば、この機会にこそ処分を。古い縁にしがらみがあるままだと、新たな出会いに巡り合うチャンスを見逃してしまいます。

大切なのは、過去の思い出ではありません。その過去の経験を経て存在している、今の私たち自身が一番大事だということを、一つひとつのモノと向き合うことを通じて、片づけは私たちに教えてくれます。

空間は過去の自分ではなく、未来の自分のために使うべきだと、私は信じています。

私は見た！ 信じられない「大量のストック」あれこれ

お客様の家を片づけていて遭遇《そうぐう》する驚きには、二種類あります。モノの存在自体に驚くケースと、モノの量に驚くケース。

モノの存在に驚くのは、毎回です。たとえば、歌手の方が使っている音楽をつくる機械だったり、お料理好きの方が持っている最新の調理器具だったり、「こんなモノがあるんだ！」と、それこそ「未知との遭遇」の連続。でもまあ、お客様の趣味も職業もさまざまなので、初めて見るモノがあるのはある意味、あたりまえです。

本当の意味で驚くのは、ふつうの家庭で、誰でもあたりまえのように持っているモノを信じられない量で発見したとき。つまり、大量のストックです。

私は仕事をするとき、お客様の家にだいたいどれくらいのモノがあってどれくらい減ったのかをざっと記録してあるのですが、なかでも「モノ別・ストック量ランキング」は次々に新記録が更新される、もっとも注目度の高いランキングです。

たとえばあるお客様の家で発見されたのは、大量の歯ブラシ。ちなみにそれまでのストック記録は最高三五本でした。その時点では、「ちょっと、ストックしすぎですよー」と、うふふと笑ってすんだのですが、**出てきたのはそんな記録をあっさり塗り替える、六〇本。**洗面所の下に収納された箱の中にズラリとそろう歯ブラシたちはある意味、芸術的ですらありました。ここまで堂々と並べられると、ひょっとしてものすごい「筆圧」ならぬ「歯みがき圧」で瞬時にブラシを消耗してしまうのだろうかとか、歯一本一本を全部違う歯ブラシで磨き分けているのだろうか……と、何かしらの合理的な理由をマジメに推測してしまうのが、人のおかしなところです。

ほかにも、キッチンの定番ラップでは、ストック三〇本。シンクの上の棚の扉を開けると、一面がレゴみたいに真っ黄色。「ラップは毎日使うから、激しく消費するんですよ」とお客様はいいますが、週に一本使っても半年以上持つ計算です。一般的なサイズのラップは一本二〇メートル。週に一本使いきるためには、直径二〇センチのお皿を余裕をもたせて包んだとしても六六回は使わなければいけません。六六回分、クルッ、ピッとする作業を想像しただけで手首が腱鞘炎《けんしょうえん》になりそうです。

そしてトイレットペーパーのストックでは、八〇ロール。「お腹がゆるくて……すぐ使いきっちゃうんですよ」とお客様はいいますが、一日一ロール使っても三か月近く持ちます。一日中お尻《しり》を拭《ふ》きつづけても使いきれるかあやしいところ。お尻が切れるかトイレットペーパーが切れるか、体を張った我慢勝負を毎日繰り広げる、だなんて考えたら、片づけ術の伝授よりも軟膏《なんこう》をプレゼントしたくなります。

極めつきは綿棒のストック、なんと二万本。二〇〇本入りの箱が一〇〇箱出てきました。一日一本使ったとしても、使いきるのにじつに五五年。ここまでくると、空になる頃にはものすごい耳かきの技法が編み出されているかもしれない、なんて最後の一本を使う日に思いをはせて、丸めた綿がお坊さんの頭のように神々しく見えてくるものです。

まるで冗談みたいな話ですが、これらはすべて事実です。不思議なのは、ほとんどの人がそれだけの量を持っていたことに片づけをして初めて気づくこと。そして、これだけ持っているにもかかわらず、いつも「足りない」「ストックが切れたらどうしよう」という不安を感じていて、まだストックが二個余っているのにさらに五個買い足してしまう……こんな例もしょっちゅうあるようです。

こうして発見された大量のストックたち。どうするのかというと、どうもせずそのまま使っていただくしかありません。でもじつは、ストックしすぎで劣化したモノもあり、もったいないことに捨ててしまうケースもけっこうあるのです。

ストック過剰を阻止するポイントは二つ。アイテムごとにストックの上限数を決めることと、収納スペースを明確に区切ること。なんとも色気のないアドバイスで申し訳ないですが、**ストック品に関しては、感性ではなく数字とルールの問題なのです。**このときばかりは「ときめき」というフワッと基準は脇におき、限りある家の収納残高と向き合って、どれくらいのスペースをストックに割けるのかを冷静に考える必要があります。

ストック品を収納するときのコツは、引き出しの中や収納ボックスの中で立てられるモノは立てて並べる。同じカテゴリーのモノは分散させない。要するにストック数を常に把握できるようにすることが大切です。

それでもストックがなかなか減らない、買い足すクセが治らない場合の裏ワザは、過剰な分のストックは一度人に譲る、寄付をする、リサイクルショップに売るなどして、手放してしまう方法。「そんな、一度買ったモノなのにもったいない」と思うかもしれませんが、一度自分が身軽になって、ストックを限界まで減らした生活を送ってみるのが、手っ取り早く片づけられるようになる一番の近道ではあります。

この余計なストックのない生活を一度経験すると、あまりの解放感がやみつきになり、その後はまったくストックがたまらなくなるのです。むしろストックが切れてしまったとき、どれくらいの期間買わずに過ごせるか、ほかのモノを代用してみたり省略してみたり、「いろいろ工夫したりする楽しみが生まれて、生活が楽しくなりました」とは、お客様からよく聞く言葉です。

大事なのは、まず今、自分が持っているストックの量を把握すること、そして、必要最小限のストックに絞ることです。

「適正量のカチッとポイント」を感じてみる

「モノ別」に「正しい順番」で、「ときめくモノ」だけを残す。これを、「一気」に「短期」に「完璧」にやり遂げる。

すると、どうなると思いますか。まず、持ちモノが激減しているはずです。そして、何よりも、かつて感じたことのない爽快感《そうかいかん》を味わい、これからの人生に対する自信を手に入れているはずです。

ところであなたは、自分の持ちモノの適正量をご存じでしょうか。

おそらく、ほとんどの方がご存じないはずです。とくに日本で暮らしていれば、生まれたときから適正量以上のモノが与えられた状態で暮らしているといって間違いありません。自分が何をどれだけ持っていれば快適に暮らせるのか、想像もつかない方が多いのではないでしょうか。

片づけをして残すモノを厳選していくと、あるとき、自分の適正量に気づく瞬間が訪れます。これは、感覚ではっきりとわかります。突然、頭の中がカチッと鳴って、それと同時に、「ああ、私って、これだけのモノを持っていればまったく問題なく暮らせるんだな」とか「これだけあれば幸せに生きていけるんだな」という感情に、体が包み込まれる瞬間がやってくるのです。

私はこれを「適正量のカチッとポイント」と呼んでいます。不思議なことに、この

カチッとポイント、一回通過すると、その後は絶対にモノが増えなくなります。だから、絶対にリバウンドしないのです。

適正量は、人によってさまざまです。靴が大好きで一〇〇足持っているという人もいれば、とにかく本さえあれば幸せという人もいます。私のように外出着よりも部屋着ばっかり持っていますという人もいれば、部屋ではハダカで過ごしているので部屋着はありませんという人もいます（意外に多い）。

片づけを進めていくと、生活の中で自分が何を重視しているのか、価値観がはっきり見えてきます。とにかくモノを減らすとか効率的に収納するとかを追求するのではなく、ときめきでモノを選んで、自分基準の心地よさを追求して生活を楽しんでみる。片づけをする醍醐味《だいごみ》って、こういうことではないかと思うのです。

もし、「適正量のカチッとポイント」がきていない気がしたら、ときめかないモノがまだある可能性大。自分のときめきに素直になって、気になる箇所を見直してみてもいいかもしれません。

感覚を信じて行動すると、すべてがうまくいく

「モノを触ったときのときめきで判断してください」

「ハンガーにかける服の基準は服が喜んでいそうなモノです」

「片づけを続けると、適正量のカチッとポイントが訪れます」

ここまでお読みいただいてお気づきの方もいらっしゃると思いますが、私のお伝えしている片づけ法は、感覚が基準です。

「ときめきで判断する」だの「カチッとくるのでわかります」だの、表現が抽象的で戸惑う方も多いかもしれません。


これまでの片づけ法の多くは、「二年使っていなかったら捨てる」「適正量はジャケット七枚・ブラウス一〇枚……」「一つモノを買ったら、一つ捨てましょう」と、「理想とされる数」が明確に示されてきました。

でも、これこそがリバウンドを繰り返してしまう原因だと私は考えています。他人

が示した基準に自動的に従っていくノウハウ型の片づけでは、たとえ一時的にきれいになったとしても、それが自分の心地よさの基準に合っていなければ、結局元に戻ってしまうのです。

人がどんな環境に囲まれていると幸せかは、その当人にしか決めることはできません。モノを持つ・選ぶという行為は、きわめて個人的な行為だからです。

もう二度とリバウンドしたくないのなら、あなたの基準をあなた自身でつくっていく片づけ法を身につけるべきです。

だからこそ、一つひとつのモノに対して「自分がどう感じるか」に向き合っていくことがきわめて大事なポイントとなるのです。

たくさんのモノを抱え込んで捨てずに持っているからといって、モノを大事にしているわけではありません。むしろ、その逆です。自分がきちんと向き合える量に絞り込むことによって、モノと自分との関係がいきいきとしてくるのです。

モノを捨てたからといって、これまでの人生で経験してきた事実や自分のアイデンティティが消えるわけでもありません。自分がときめくモノを選び抜く作業を通じて初めて、私たちは自分が何を好きで何を求めているのか、はっきりと感じとることができるのです。

一つひとつのモノと真っ正面から向き合うことで、モノは私たちにいろんな感情をさまざまと呼び起こしてくれます。そのときの感情を、逃げずにきちんと味わうこと。そこから学んだことこそが、これから生きていくエネルギーに転換されていくのです。

ときめくかどうか。心にたずねたときの、その感覚を信じてください。

その感覚を信じて行動すると、本当に信じられないくらい、いろんなことがどんどんつながりはじめ、人生が劇的に変化していきます。

まるで、人生に魔法がかかったかのように。

片づけは、人生がときめく一番の魔法なのだと、私は信じています。

第4章
人生が輝く「ときめき収納レッスン」

家にある「あらゆるモノの定位置」を決める

仕事を終えて帰宅してからの私の日課は次のような感じです。
カギを開けてドアを開くなり、まずはおうちに向かって「ただいま！」と声をかけます。玄関の三和土《たたき》にある昨日履《は》いて一日置いた靴に「昨日はお疲れさま」と話しかけながら靴箱に戻し、靴を脱いでそろえたら、キッチンでやかんを火にかけ、寝室へ。バッグをベージュのラグの上にそっと置いて、まずは部屋着に着替えます。着ていたジャケットとワンピースをハンガーにかけつつ、「今日もいい仕事したね」とねぎらい、クロゼットの取っ手（「着た直後の服をかける一時置き場」です）にひっかけ、タイツはクロゼット右下の「洗濯モノ用カゴ」へ。引き出しから部屋着を気分に合わせて選んで着替えたら、窓際にある腰くらいの高さの観葉植物にも「ただいま」と言いつつ葉っぱをなでなで。

その後、バッグの中身をラグの上にズラリとすべて出し、それぞれの定位置に返し

ていきます。まず、財布からレシートを抜き出します。そして、財布をベッド下の引き出しにある「お財布用箱」に「お疲れさまでございます」と感謝の気持ちを込めて収め、その隣に定期入れと名刺入れを戻します。同じ引き出しの中のアンティークケースにはずした腕時計と家のカギを、すぐ横のアクセサリー用トレーにピアスやネックレスを入れて、「今日も支えてくれてありがとう」とひと声。

玄関の本棚（靴の収納棚の一段を本棚として使っています）に行き、持ち歩いていた本とノートを戻し、一つ下の段にある「領収書用ポーチ」に財布から抜いた先ほどのレシートを入れ、隣の「電化製品系コーナー」に仕事用のデジタルカメラを置きます。使用済みの書類はキッチンのコンロの下に設置したゴミ箱に捨て、届いた郵便物に目を通しつつ、お茶を淹《い》れます（読んだ郵便物はすぐにゴミ箱へ）。

寝室に戻り、空になったバッグを袋に入れてクロゼットの上の段に戻し、「頑張ったね。おやすみなさい！」とクロゼットのドアを閉めます。帰宅してからここまでが五分。それから淹れたてのお茶を飲みつつ、「ふう」とひと息つくのが日課です。

これは別に優雅なティータイムを自慢しているわけではなくて、要はすべてのモノの定位置を決めてあげることで、疲れて帰宅しても何も考えずに部屋を片づけることができて、毎日ウキウキと過ごす時間がよりたくさんとれますよ、ということを伝えたかったのです。

モノの定位置を決めるときのポイントは、すべてのモノの定位置を「一つ残らず決める」こと。

「一つ残らずだなんて、永遠に終わる気がしません……」と気が遠くなる方もいるかもしれませんが、心配いりません。たしかにすべてのモノに定位置を決めていく作業は一見複雑そうに見えますが、けっしてそんなことはないのです。モノ別に片づけをしていけば、それらは結局同じカテゴリーなので、選んだときめくモノ同士を近くに収納すればいいだけ。

なぜすべてのモノの定位置を決めるべきなのかというと、一つでも住所不定のモノがあると、散らかる可能性が一気に高くなるからです。

たとえば上に何も置いていない棚があったとします。その上に住所不定のモノが一つ、ポンと無造作に置かれたとします。この一つがまさに命取り。**「住所不定の彼」が不安そうなのをほかのモノたちがなぐさめに来るのでしょうか。今まで緊張感を保ってきれいな空間だったのが、まるで「全員集合！」と号令がかかったかのように棚の上にたちまちモノが増えていくのです。**

片づけても片づけてもリバウンドが起きてしまう大きな原因は、定位置が明確に決まっていないことにあります。そもそも定位置がなければ、いったいどこに戻すというのでしょうか。

一度でいいので、すべてのモノの定位置を決めてみてください。そうすることで初めて、それぞれのカテゴリーのモノをどれくらいの量持っていて、家の収納スペースはどれくらいの余裕があるのか、自分の家の全体像を把握することができます。すると、それ以降はムダ買いや余計なストックが減り、モノも増えなくなるという効果にもつながるのです。

モノの定位置さえ決まれば、使ったあとは定位置に戻すだけで、片づいたおうちをキープするのはさほどむずかしくありません。

大切なのは、すべてのモノの定位置を決めること。使ったあとは定位置に戻すこと。これが、収納を考えるうえでの大前提です。

モノを捨てる前に「収納のワザ」に走ってはいけない

片づけセミナーで、お客様のお部屋の「片づけのビフォア&アフター」の写真を見せると、参加者の方々は一様に驚かれます。

一番多い感想が「何にもない部屋ですね」というもの。そうです。**床に何も置かないのはもちろん、視界に何も入らないような部屋になることが多いのです。**本棚さえなくなってしまうことも、珍しくありません。では、本はすべて捨ててしまったのかというとそうではなく、じつは、クロゼットや押し入れの中に本棚自体を仕込んでしまうのです。

本棚をクロゼットに仕込むワザ、これは私の定番ともいえる収納法です。まさか今ですらクロゼットはパンパンなのに、本棚なんて入るはずがない。九九%の方がそう思うでしょう。

でも、それが余裕で入るのです。

じつは今、あなたが持っている収納、今あなたの部屋にもともとついている収納、これは完璧《かんぺき》だと思ってください。今まで収納が少なくって……という悩みや不満は数えきれないほど聞いてきましたが、本当の意味で収納が少ない家という結論に至った家は一つもありませんでした。ただ、いらないモノを持っているだけなのです。

正しくモノを選べるようになると、なぜか、今住んでいる家の、今持っている収納スペースにぴったり収まるだけの量が残ります。これぞ、まさに「片づけの魔法」。本当に不思議ですが、「ときめきによる判断法」はそれくらい正確なのです。

だから、とにかく「まずは捨てる」を終わらせる。それができれば、モノの定位置を決めるのは簡単です。**モノを減らさないまま、収納のことをあれこれ考えたり、収納のワザに走りはじめたりしたところで、行きつく先はただ一つ。片づけても片づけても片づかない、「リバウンド地獄」しかありません。**

なぜここまで自信を持って言い切ることができると思いますか。

じつは、私自身がそうだったからです。

今でこそ「収納の達人になってはいけません」とか「収納のことは一度忘れて、まずモノを減らすことが大事」なんてさらりといっている私ですが、少し前までは頭の中の九割が収納。なんといっても収納に関しては五歳のときから真剣に考えてきましたから、中学生で目覚めた「モノを捨てる」以上にキャリアは長いわけです。その間、本や雑誌を片手に、それこそふつうの人が経験するであろう、**ありとあらゆる収納の実践と失敗はひと通り経験してきました。**

自分の部屋の中はあたりまえ、きょうだいの部屋だろうが学校だろうが、毎日のように引き出しの中のモノとにらめっこをしてはピタッとくる配置を求めて数ミリ単位で中身をズラしたり、「この引き出しをあっちに置いたらどうだろう」「この仕切りを撤去したらどうなるだろう」などと、ところかまわず考えていて、目を閉じるとまぶたの裏にカチャカチャと収納のパズルが浮かぶような毎日でした。

そんな「収納青春時代」を過ごした結果、私は収納というと、いかに空間を合理的に使って多くのモノを収めていくかの頭脳勝負だと考えるようになりました。家具のすき間を見つけては、すかさず収納グッズでモノをねじ込み、ぴったりすき間が埋まろうものなら鬼の首をとったかのように「ふふん！」と心でガッツポーズ。いつの間にか、家やモノに対して、勝った負けたと、なぜだかケンカ腰な態度をとるようになっていたのです。

収納は「限界までシンプル」にする

だから、この仕事を始めた当初も、人様のおうちの収納を設計するなんて、なんだかミラクルなワザを繰り出さないといけないような気がしていました。たとえば雑誌の収納特集にあるような、「まさかこのすき間にスノコで棚をつくってこんなモノを収納してしまうとは！」みたいな、まわりがあっと驚くような収納をしたほうがお客様にも満足していただけるはずだと、なんとなくヘンなプレッシャーがありました。

けれど、そんなふうにして一生懸命に趣向を凝らした収納って、たいていつくった側の自己満足。住む人にとっては、使いにくいことがほとんどなのです。

たとえばあるお客様の家でキッチンの収納をつくっていたとき、使っていないレンジのターンテーブルが出てきたことがありました。円盤が二枚重なった構造で、中華料理屋の円卓のように上のトレーがくるくる回転する仕組みです。レンジの本体自体、すでになかったので捨ててしまってもよかったのですが、私はこの形にピンときて、

「これを収納に使おう！」と考えました。けれど、大きさも厚みもけっこうある円盤だったので、なかなか使えるような場所が見つかりません。

ふと、「調味料やドレッシングのストックが多すぎて、管理しきれないんです」とつぶやくお客様。いわれたシンク横の棚を開けてみると、たしかにボトル類がいっぱいです。どうにかして先ほどのターンテーブルを使いたかった私は、さっそく詰められたボトルを一度取り出し、ターンテーブルを空いた棚に置いてみました。すると、サイズはぴったり。ボトル類を戻してみると、まるでお店のディスプレイのようにおしゃれな収納ができあがりました。ターンテーブルをくるくる回せば、後ろのモノもすぐに取り出せて、これは便利。お客様にも「すごい！　感動しました！」とご満足いただけて、めでたし、めでたし……。

しかし、その収納が間違いだったことを知ったのは、次のレッスンでキッチンをチェックしたときに早くも訪れました。ほかの場所は以前のままスッキリしているのに、その扉の中だけ、ぐちゃぐちゃ。事情を聞くと、ターンテーブルを回すたびにドレッシングたちが滑《すべ》ってゴロゴロと倒れて崩れることに加え、結局ストックが収まりきらず、トレーのフチに置いてしまって回しにくい、とのこと。

そうです。私はどうにかして驚きの収納をつくろうと考えるあまり、ターンテーブルを使うことにこだわって、上に載せるボトルたちを見ていなかったのです。よくよく考えたら、ストックのボトルはすぐに取り出すモノではないのでくるくる回す必要などないわけだし、何より円形のモノはスペースにムダが出がちで、そもそも収納に適しません。

結局、ターンテーブルは撤去。ボトルたちは四角い箱に入れて、棚に収納しました。どうってことのないふつうの収納ですが、その後のお客様の感想を聞くと、グッと使いやすくなったといいます。

こうした経験を経て私がたどり着いた結論は、収納は極限までシンプルにするにかぎる、ということ。

そもそも部屋が散らかる一番の原因は、モノが多いからというのは皆さんご存じのことと思います。そして、モノが多くなってしまう原因は、たいていの場合、自分が持っているモノの量を把握していないから。持っているモノの量を把握できないのは、収納が複雑だから。**つまり、モノが多くなるのを防げるかどうかは、収納法をいかに単純化できるかにかかっているといえます。**

収納は限界までシンプルにして、自分が持っているモノを把握できる状態にすること。これが片づいたお部屋をキープする収納法の極意です。

限界まで、とあえていうのには理由があります。どんなに収納法をシンプルにしたところで、すべてのモノの存在を完璧に覚えることなんてできないからです。私の家でさえ、自分でギリギリまで単純な収納をつくったはずなのに、引き出しを開けて「あらこの子、こんなところにいたのね」と気づくことがいまだにあります。このうえさらに「三段階の使用頻度別」とか「季節別」とかで引き出しが分かれていたら、まったく日の目を見ずに時がたっていくモノたちが続出してしまう自信があります。だったらやっぱり、収納はできるかぎりシンプルにするにかぎるのです。

収納場所は「分散」させない

そんなわけで私がおすすめする収納のつくり方はとっても単純。**決まりは、同じカテゴリーのモノは一か所に集めて収納する。分散させない。これだけです。**

結局、収納に必要なカテゴリーは大きく分けて二つしかありません。それは**「モノ別」**と**「持ち主別」**です。

これは、家族で住んでいる場合と一人暮らしでは、分けて考えたほうがわかりやすいかもしれません。

一人暮らしの方や、自分の部屋の収納だけを作る場合は一番簡単。持ち主別に分ける必要がないので、そのままモノのカテゴリー別に収納をつくっていけばよいのです。

むずかしく考える必要はありません。モノの分け方はときめくモノを選んだときと同じです。つまり、はじめに衣類、次に本類・書類・小物類、そして最後に思い出品。これらを順番通り選んでいったら、それぞれ同じカテゴリーのモノはまとめて収納場所をつくるだけ。

収納場所を決めるときは、単純に洋服ならクロゼット、本は本棚、洗面所にはスキンケア用品、台所にはキッチン用品など、「ふつうココにしまうよね」と、迷いなく収納できるモノから収納場所を決めていき、それ以外のモノは似た性質のモノは近くに集めて収納することを意識していきます。

たとえば、洗面所にスキンケア用品を収納したら、その隣にはヘアケア用品、その近くにはドライヤー、その下の引き出しにはコットンや衛生用品のストック品など。モノの役割や形状などが近いモノはいわゆる「仲よし」なので、近くに収納してあげると落ち着きます。

家族で住んでいる場合は、まずは家族別に収納スペースを分けること。たとえば自分・夫・子どもというように、**一人一か所、コーナーを割り当てて、個人のモノはそれぞれのコーナーにすべて集めて収納していきます。名づけて、一点集中収納法です。**

これは、家族全員が自分の部屋を持っている場合は、部屋をそれぞれの収納コーナーにする、という話でおしまいです。

けれど、自分だけの部屋やコーナーがとくにない、という場合はどうでしょう。

以前、あるお客様から「どうしてもモノが定位置に戻せなくて、散らかってしまう」というご相談をいただいたことがありました。この方は、すべてのカテゴリーがときめきチェック済みで、モノの量は問題なし。けれど、おうちの中に自分の部屋がなく、本はダンナさんの本棚の一部を使って、書類は廊下の収納庫で、趣味のモノは子ども部屋、というふうにモノが見事に分散していたのです。

そこで、基本に則って集中収納。廊下の収納庫に入っていたダンナさんの書類と子どもの思い出品をそれぞれの部屋に移動し、お客様の本・書類・趣味のモノをこの収納庫にすべて集めて収納したところ、「モノの管理がしやすくなって、グッと片づけがしやすくなりました」と喜んでくださいました。

誰でも、自分のコーナーがあるというのはうれしいもの。「自分だけが管理する、自分だけのスペース」と思える場所があることで、きちんと管理がしたくなり、片づけへの意識が高まることは間違いありません。

誰にでも、自分のモノがまとまって置いてある「聖域」は、絶対に必要なのです。

もちろん、すべてのモノを一か所に集めるのがむずかしければ、できるかぎりで集中させるようにすればオーケー。

とにかく、収納を考えるうえにおいては「同じカテゴリーのモノは集める」という原則を忘れないでください。

「行動動線」と「使用頻度」は無視してもオーケー

「行動動線を考えて収納をつくりましょう」

ちょっとマジメな片づけ本なら必ず出てくるこのフレーズ。けっして間違ってはいないし、行動動線をきちんと考えたうえで、かつ実践的な収納法を提唱しておられる方もいらっしゃるはずなので、これはあくまで私の片づけ法にかぎっていうことなのですが、あえていいます。**行動動線は無視してください。**

主婦のNさん（五〇代）の家で、こんなことがありました。Nさんのモノの片づけが無事終わり、次はダンナさんのモノを片づけたいという彼女。

「基本的に、私の好きに収納を変えてもいい、と言ってくれていますが……。彼は、リモコンでも本でも何でも、手に届くところに置いてないとイヤなんです」

家の状況を見てみると、なるほどダンナさんのモノはありとあらゆるところに散在していいます。トイレの棚にダンナさん用の本、玄関にダンナさん用のバッグ置き場があり、洗面所にはダンナさんの下着と靴下が収納してありました。

こういう場合も、私はとりあえず、「一点集中収納法」を試してみます。ダンナさんのスーツ類がかかっているクロゼットに、下着も靴下も、バッグ置き場も移動してもらい、トイレの本も書斎の本棚にすべて戻してみました。

「使う場所に置いてあるのが好きみたいなんですよ。不機嫌にならないかしら……」

と心配そうなNさん。

多くの人が勘違いしがちなことの一つは、モノの収納場所を考えるとき、まず「出しやすさ」を基準にして決めてしまうことです。じつはこれが落とし穴。

そもそも散らかる原因は「元に戻せない」から。つまり、使うときの手間より、しまうときの手間を省くことを考えなければいけないのです。使うときは明確な目的があるので「出す手間」はよっぽどのことがなければ気になりません。散らかってしまう原因は、「しまう手間」が面倒くさいか、「しまう場所」がわからないかのどちらかです。

ここを間違えると、散らかりやすい仕組みを自らつくっているようなもの。「いつでも手の届く範囲にモノがあったほうが便利」というのも、案外たんなる思い込みだったりするのです。

多くの人は自分の行動動線に合わせて収納を決めたがるのですが、その行動動線はそもそもどうやって決まったのだと思いますか。じつは、その人の行動によって決まっているのではなく、モノの置き場所によって決まってくるケースも多いのです。つまり、今の自分の行動に合わせて収納をしているように見えて、じつはなんとなく決めた収納に合わせて無意識のうちに生活をしてしまっているのです。

もちろん、三階建てだったりかなり広いおうちの場合は、それなりに動線を考えたり同じモノを数か所に置く必要があるかもしれませんが、私の経験上、一〇〇平米ほどのおうちまでであれば、基本通り、カテゴリーごとに一か所に集中させて収納する方法でまったく問題なく収納がつくれてしまいます。

何より、『行動動線を考えて収納を考える』というフレーズ自体が、何だかこむずかしそうで、片づけが得意でない方ならなおさら、どう収納したらいいのか考えこんでしまって片づけが進まない、というのが大きな問題なのです。

細かい行動動線に応じた収納を考えて片づけの手が止まってしまうより、どこに何があるかわかりやすい、単純な収納をまずはつくってしまうほうが、はるかに大事。

ちなみに、先ほどのNさんのダンナさんの場合、クロゼットに移した靴下も下着も、とくに問題なく受け入れてくださいました。「変えたら変えたで、収納してある場所にモノを取りに行くだけだから」とのこと。Nさんとしては、洗濯物を戻すときに他の洋服といっしょにクロゼットに戻せるので好都合です。そしてトイレの本の移動については、予想以上の好評。「よくよく考えたら、トイレで読む本はこれまでも本棚から持ってきていたので、何も変わらなかった」とダンナさん。ときどき、読んだ後の本をトイレに置きっぱなしにしてしまうこともあるようですが、「本棚が定位置」と決まっていることで戻せるようになったとか。何より、本が積まれてごちゃごちゃしていたトイレがスッキリしたことが、ご夫婦お二人にとってうれしかったようです。

例外が、バッグの置き場所。帰宅後にバッグをクロゼットまで持っていくのはおっくうで、玄関やリビングに放置されがちに。毎日同じバッグを使うので、結局、元のとおり玄関にバッグの定位置を戻したとのことでした。

そう、定位置の決め方は、こんな感じでいいのです。**つまり、まずは同じカテゴリーのモノを集めて収納をつくってみる。生活してみて、気になるところは変えてみる。**片づけ祭りの段階ではシンプルな収納を一度つくって、どのカテゴリーをどれくらい持っているかの全体像を把握しておけば、その後の収納の調整も簡単です。頭でウンウン行動動線を考えるより、片づけ自体もサクサク進んで、いいことしかありません。

行動動線と同様、使用頻度もさほど気にする必要はありません。ものの本には、毎日使うモノ、三日に一回、一週間に一回、一か月に一回、一年に一回、それ以下の頻度……と六段階に分類して収納を分ける方法というのもあります。引き出しを六段使い分けるなんて想像しただけで、頭がくらくらしてくるのは私だけでしょうか。

私はせいぜい二段階。使用頻度は高いか低いか。引き出しの中であれば、使っているうちに使用頻度が低いモノは奥に、高いモノは手前に、と自然に調整できるようになってくるものです。

モノの定位置を決めることは大事ですが、なにも一発で収納場所を確定させようと頑張らなくてもだいじょうぶ。まずはカテゴリーごとにシンプルな収納をつくったら、生活をしながらいくらでも調整可能。どうぞ、お気軽に収納づくりを楽しんでください。

積んではダメ、基本は「立てて収納」する

書類に本に洋服に、とにかくどこでも何でもついついモノを積んでしまう人がいます。でも、これはじつにもったいない。

私が収納方法でただ一つこだわっていることといったら、とにかく立てることです。**洋服はたたんだら引き出しの中に立てて収納します。ストッキングも丸めたら立てて収納します。引き出しの中の文房具を収納するときも、ホッチキスの芯《しん》の箱やメジャー、消しゴムも立てます。**ノートパソコンを本棚に、まさにノートのように立てて収納することもあります。

空間はあるはずなのになんだかしっくりこない収納は、モノを立ててみただけで解

決してしまうことが多いのです。

モノを立てるのは、積むのを避けるためです。理由は二つ。まず、積むということは空間を際限なく使えてしまうのです。際限なくどんどん上にモノを積んでいけてしまうということは、無尽蔵にモノが増えていっても気がつかなくなってしまいます。立てる収納だと、モノが増えたら増えた分だけ収納部分の面積を使うことになるので、いつかは限界がきます。そうすると「ああモノが増えてきたな」と気づけるのです。

そして、もう一つ。**積まれた下のモノがつらいからです。**モノを上に積み重ねるということは、当然ながら下のモノがつぶされることになります。私たちが長時間重い荷物を持ったままでいるとつらいのと同じで、モノも上にモノが載った状態でそのままにされると、弱ってしまうのです。

すると、下にあるモノの存在感はどんどん薄くなってきます。いつしか、そのモノを持っていること自体、忘れてしまうのです。実際、重ねて収納してある洋服は下のほうにあるモノほど、どんどん着る頻度が低くなっていきます。服の整理をしていて、**「買ったときは大好きだったはずなのに、なぜだかときめかない……」となる服は、下に積まれた状態で長らく収納されていたことが多いのです。**

これは書類も同じ。上に別の書類を置いたとたん、その書類の存在は一気に薄くなります。すると下の書類は、うっかり処理し忘れたり、ついつい先延ばしにしてしまうようになるのです。

だから、立てられるモノはとにかく立てて収納すること。

試しに、今積んで置いてあるモノをとりあえず立ててみるだけでも、自分が持っているモノの量が把握できて意識が変わってくるはずです。

立てる収納は、あらゆる場所の収納に応用できます。ごちゃごちゃしがちな冷蔵庫も、立てられるモノはとにかく立てて収納するとたちまちスッキリします。ちなみに私の大好物はにんじんなので、冷蔵庫のドリンク立てのところにズラリとにんじんが立ててストックしてあります。

「収納グッズ」はハコだけでうまくいく

世の中、便利な収納グッズにあふれています。大きさを調整できる仕切り、クロゼットのポールにかけられる布製のラック、すき間収納用の細い棚。一〇〇円ショップにもおしゃれな雑貨屋さんにも、お店に行くとこんな新製品もあったのかと、ついつい見入ってしまうほどです。

私もかつては収納グッズマニアで、定番ものはもちろん、マニアックなアイデア商品まで、それこそ一時期は、目に入ったものすべてを試していたのではないかと思うくらい。でも不思議なのは、あれだけあった大量の収納グッズが、今はほとんど残っていないこと。

私の家に今ある主な収納グッズといえば、チェストなどの引き出し型家具を除けば、衣類系の小物を入れているキャンバス地のボックス、文房具などの小物を入れているクラフト製の箱、キッチンの引き出しの仕切りに使っているバンブーの箱……以上。つまり、素材や大きさは違えど、全部ふつうのハコ型の入れ物です。

しかも、前述のような市販のボックスを使っているのはほんの一部で、それ以外に使っているのはもっぱら空き箱。お菓子や化粧品、いただきモノなど、ありとあらゆる空き箱をフル活用して収納をつくっているのです。

よく「片づけで買うべきオススメ収納グッズは何ですか」と聞かれることがありますが、私の答えは「ありません」。

片づけが終わっていない段階では、仕切りや収納用品を新たに買い足す必要はありません。なぜなら、家の中にあるモノでたいてい解決できてしまうからです。実際、私のレッスンでも、片づけが進んでモノが減っていくにつれ、使っていた収納グッズやボックスがどんどん空いていき、むしろ収納グッズは余っていくケースが多いのです。

そして、その空いた収納ボックスや、もともとお客様が持っていた空き箱を使って、おうち全体の収納を完成させていくのです。

圧倒的によく使うのは、靴の空き箱。いろんな収納グッズを試してきましたが、タダで手に入るものでここまで優秀な収納グッズはほかにありません。私の収納グッズ評価項目である、「大きさ」「素材」「丈夫さ」「手軽さ」「ときめき度」ともに平均点以上。バランスがよく、汎用性《はんようせい》が高いのが一番の魅力です。最近はデザインがかわいいものが多いのもうれしいところ。「靴の箱、ないですか?」は、もはやお客様の家にうかがったときの私の常套句《じょうとうく》となっています。

靴の箱の活用方法は無限大です。一番多いのは、ストッキングや靴下を入れて引き出しの中の仕切りにする方法。箱の高さがストッキングを巻いた高さにぴったりなのです。洗面所ではシャンプー類のストックや、洗剤などの生活用品を収納するとしっくりきます。キッチンでは、食料品のストックの仕切りにしたり、ゴミ袋やふきんのストックを入れたり。それと、ケーキ型やタルト型など、使用頻度が低い製菓用品をまとめて入れて、棚の上段に収納するのも、単純だけどなかなか好評な収納法です。なぜかお菓子づくり用品をビニール袋に入れている人が多いのですが、箱に収納したほうが絶対に使いやすい。その後、お菓子をつくる機会が増えました、なんて話を聞くとなんだかうれしくなってしまいます。

靴の箱のフタは深さが浅いので、トレーのように使うことができます。キッチンのコンロ下に置いて、そこに油や料理酒などの調味料を置けば、床が汚れるのが防げます。市販の汚れ防止シートよりもズレないし、取り替えるのもずっとラク。キッチンの引き出しにお玉やフライ返しなどを入れている場合は、引き出しの中に敷くように置いてみます。滑り止めにもなるので、引き出しを出すたびにガチャガチャいうのを防げるほか、仕切り代わりにもなって空いたスペースを有効に使えます。

もちろん靴の箱以外でも、収納に活用できるものはたくさんあります。登場率が高いのは、名刺を買ったときについてくるプラスチックのケースや、アップル社のスマートフォンの空き箱。アップル社の商品の箱は大きさもデザインもよいものが多いので、持っているなら引き出しの仕切りに使うのが絶対おすすめです。これらは文房具の収納に最適。余ったタッパーをキッチン小物の収納に使ったりするのも、定番中の定番です。

要は四角い箱状のものであれば何でもオーケー。片づけている最中に収納に使えそうな箱を見つけたら、いったん一か所に集めておいて、片づけがひと通り終わるまでとっておきましょう。ただし片づけを終えてしまったら、「この箱、いつか使えるかも」ととっておいたりせず、潔《いさぎよ》く捨てること。それと、空き箱といっても段ボール箱や電化製品の入っていた箱など、大きすぎるものは仕切りに使えませんし、収納用具としても使い勝手も見た目もよくないので、これらは捨ててしまってください。

また丸型やハート型など、変型の箱も仕切りにするのはスペースにムダが出やすいのでおすすめしません。けれど、箱自体にときめいてしまった場合、話は別。捨てたり、箱のままただ漫然ととっておいたりするのはそれこそもったいないので、ここは意地でも収納に活用しましょう。たとえば、引き出しに入れてヘアアクセサリーの仕切りにしたり、綿棒や裁縫道具を移し替えてしまったり。空き箱と収納するモノの組み合わせは、世界に一つだけの、あなただけのオリジナル。ここは自由にいろいろ試して、思う存分楽しむのが正解です。

こんなふうに、**今家にあるモノを活用していけば、不思議なことに毎回カチッと収納が完成してしまいます。片づけ途中の段階で、複雑な収納グッズを買い足す必要は**

ないのです。

収納は、ハコさえあればうまくいく。収納に迷ったら、この合言葉を思い出してください。

バッグは「バッグの中」に収納すると便利！

あるとき、バッグの片づけをしていて、なんだか損しているような気がしたことがあります。あたりまえのことですが、バッグの中は空洞です。バッグ自体はけっこういい場所に収納されているはずなのに、中にはガランとした空間が広がっていて、もったいない。でも、バッグはたためないし、かさばるし、それどころか中にはわざわざ丸めた紙が入っていたりして、収納不足が叫《さけ》ばれる日本のおうちの中では許されないほどぜいたくなスペースの使い方といえます。しかもこの中の紙、しばらくするとだんだん崩れて出し入れするたびにカスがボロボロ出てくる始末。これ、どうにかならないのでしょうか。

あれこれ考えた末、とりあえず中の紙は撤去。ときめかないモノは先に捨てる、が片づけの大原則です。その代わりにオフシーズンの小物類を入れてみました。つまり、夏はマフラーや手袋を、冬は水着なんかを収納して、詰め物代わりにしたのです。これならバッグも型崩れせず、使わない小物も収納できて一石二鳥！と喜んだのもつかの間、この収納法は一年以内で立ち消えになりました。

これはこれで悪くないのですが、バッグを使うたびに小物類をじゃかじゃか出すのが面倒くさい。それにバッグを使っている間にクロゼット内に散乱している小物類がなんだかせつない気がします。

でも、ここであきらめる私ではありません。要は、中身がボロボロせずに見た目も悪くなければいいのです。次は、この小物類をいったん巾着などの袋に入れて詰め物にしてみました。これなら出し入れもラクラク、巾着ごと出すと、見た目も案外かわいくて、大満足です。

これは一見すごく画期的な方法に思えましたが、意外なところに大きな落とし穴がありました。袋詰めにされた状態の小物たちは、当然外から見えません。中に詰まっているのはオフシーズンのモノなので季節ごとに入れ替えをする必要があるのですが、私としたことが、なんと二袋分もうっかり衣替えし忘れたまま季節を越してしまったのです。つまり、その小物たちは一年間もたんなる詰め物扱い。久しぶりに巾着を開けたときの彼らの雰囲気のさみしそうなことといったら！　猛省です。だいたい、ふつうの服ですら衣替えしない主義なのに、見えないモノを季節ごとに入れ替えしようなんて考えたのが間違いでした。

だから、詰め物にしていた小物たちは巾着内からすべて解放。すると次に問題になったのは、自由を手に入れて喜ぶ小物たちの身代わりに、中身が抜かれてふにゃりとなったバッグたち。やっぱり何かを詰めてあげたいけど、オフシーズンの洋服までも詰め物にするのは、それこそ存在を忘れてしまいそうで絶対避けたい。

じゃあしょうがないから、とりあえず別のバッグをバッグの中に入れてみようかしら、と何気なく試してみました。するとこれが、抜群にいけるのです。バッグの中にバッグを入れれば、今までぜいたくに使われていた収納スペースは半分以下になります。中に入れたほうの取っ手を外に出せば、行方不明になることもありません。

ポイントは、同じ種類のバッグ同士を入れ子にすること。つまり、かっちりした革モノ・冬素材のモノ・冠婚葬祭用などが複数あればそれらをセットにするのです。こうすると、用途別に合わせてそのセットだけ取り出して選べばいいのでとってもラク。旅行用のリュックなんかはたたむとびっくりするほど小さくなるので、いくつか持っているのなら、一つのリュックにまとめてしまうのが絶対おすすめです。

一点だけ注意していただきたいのは、入れ子にしすぎないこと。「一つのバッグに多くて二つまで」が基本です。中に入ったモノの存在を忘れてしまうようなしまい方はいけません。

まとめると、バッグの一番正しい収納法はこう。

まず、素材や大きさ、使用頻度が近いバッグを組み合わせて入れ子にします。取っ手はすべて外に出した状態で、バッグを購入したときの袋にしまいます（袋がなければ省略してオーケー）。これらをクロゼットや押し入れに、すべて見えるような状態で並べてしまいます。**クロゼットなら上段、押し入れなら天袋に、本を並べるみたいにバッグを立てて並べます。**

このバッグ・イン・バッグの作業、どの組み合わせがしっくりくるかを探すのも、パズルみたいで楽しいもの。大きさぴったり、中のバッグと外のバッグがカチッとたがいを支え合うベストなペアを見つけると、なんだか運命の出会いの瞬間に立ち会ったようで、感動的な気分になるのです。

バッグは「毎日、空」にする

お財布に、定期入れに、ポーチに、手帳。ほとんど毎日持ち歩いているモノたちがあります。

「どうせ毎日持ち歩いているモノだから、ずっとバッグに入れっぱなしです」という人もけっこういますが、それはダメです。バッグの中をモノの定位置にするべきではありません。

そもそもバッグは、あなたが外出するときにモノを運ぶことが本来の役割です。書類やポーチや携帯電話といったあなたの持ちモノすべてを、一人でまるごと受け入れて、パンパンになった状態で連れ回され、置かれるときは地面にすらされ、それでも黙々と中のモノとあなたを甲斐甲斐しく支えつづける。なんて、働き者なんでしょう。せめて家にいる間くらい、しっかり休ませてあげなくては、バチがあたるというもの。使っていないときもモノが入れっぱなしの状態は、寝ている間も胃に食べ物がぎっしり詰められているのと同じで、彼らにとってつらいはず。実際、こういう状態のままのバッグは格段に傷みやすく、すぐにくたびれた印象になってしまいます。

それに入れっぱなしが習慣になると、バッグを替えるたびにちょこちょこモノを中に残したまま放置してしまい、あっという間にどのバッグに何があるのか把握不能な状態になります。こうなったが最後、「あ、ペンがない」「リップクリームどこだっけ」と、必要なときに見つけられずにまた買うハメになるのです。

ちなみにバッグの片づけをしているときに中から発見することが多いのは、街頭で配られているティッシュ、一〇円玉以下の小銭、くしゃくしゃのレシート、かみ終わって紙に包んだガムなど。これらにまぎれて、大事な印鑑やメモや書類やアクセサリーが入っていたりするのが危険なのです。

だから、バッグは毎日、空にしましょう。「えっ、そんな面倒くさいことを?」と敬遠せずともだいじょうぶ。**「毎日持ち歩くモノ置き場」さえつくれば簡単です。**

まず、箱を一つ、用意します。そこに定期入れやポーチや社員証などを立てた状態で収納します。これをタンスの引き出しやクロゼットの中にそのまま入れればもう完成です。

箱は何でもかまいませんが、適当なモノが見当たらなければここでも靴の空き箱を使うか、引き出しの中にコーナーをつくる場合は箱なしでもだいじょうぶです。クロゼットや押し入れの中に箱を置く場合は、見た目も肝心《かんじん》なのでお気に入りの一品を探すのもよいでしょう。箱を置く場所は、クリアケースなどの引き出し収納の上が定番です。いずれにしろ、バッグの収納場所から近いところが便利ですね。

もちろん、たまにはバッグを空にできない日があってもかまいません。かくいう私も、夜遅くに帰ってきて次の日も朝から仕事があって同じバッグを使う場合は、面倒くさくて中身を入れっぱなし、という日もあります。それどころか、ここだけの話、この本の原稿を書いている今は、家に帰ってきて、着替えもせずに床でバタンキューと倒れ込むように寝ていることもしばしばですが……。

大事なのは、中に入れているモノすべてに帰るべき定位置の収納場所があり、バッグが休める環境が用意されていることです。

部屋の一角を占領する大物は全部「押し入れ」に入れる

もしあなたの家に押し入れがあるなら、部屋にあるほとんどのモノは収納可能といって間違いありません。

日本が誇る収納棚、押し入れ。押し入れは素晴らしい収納力を持っています。奥行きがあり、天袋もあり、上下に分けられた仕切りはかなりの強度です。ただ、広い空間であるだけに、うまく使いこなせていない人が多いのも事実です。

こういうありがたい収納があらかじめあるおうちは、とにかく基本に忠実に収納をしていったほうがうまくいきます。**どうにか一発逆転の奇跡の収納をつくろうとして頭をウンウン悩ませたときにかぎって、使いにくい収納になることがほとんどなのです。**

押し入れを上手に活用する基本の収納法はこうです。

まず、天袋には季節モノを収納するのが基本中の基本です。ひな人形や五月人形、クリスマスの飾りなど。このほかにも、スキーや登山などのアウトドアグッズやレジャー系なども定番。また、成人式や結婚式など大きくて本棚に入らない写真やアルバム類を収納するのもよいでしょう。**この場合、段ボールに詰めて収納するのは絶対にNGで、本棚に並べるのと同じように天袋の手前に立てて並べます。こうしないといよいよ一生日の目を見ないままお蔵入りしてしまうからです。**

洋服を収納する場合、クリアケースを使用するなら、ボックス型より、圧倒的に引き出しタイプがおすすめ。ボックス型に入れるとたんに出し入れが面倒くさくなり、ひと箱丸ごと使わないまま、ずるずる季節を越してしまう人が圧倒的に多いのです。もちろん引き出しの中の服は立てて収納しましょう。

ふとんをしまうなら上段に。湿気やホコリがたまるのを防ぐためです。下段には、扇風機やヒーターなどの季節ものの家電製品を。

また、押し入れはとにかく空間が広いので、収納というより、ふすまで仕切られた小さな部屋、と考えたほうがうまくいきます。よって、収納用具を一切使わないのは危険です。あるお客様で、押し入れに直接服をポンポン投入して収納していた方がいたのですが、扉を開けると焼きそばのように服がこんもり積もっている様子は、もはやゴミ捨て場のようで、服たちがせつなそうなことこのうえない。

逆に、この広さを生かして、外に出ている収納をそのまま中に入れてしまえばいいのです。**よくやるのは、スチールラックや本棚を押し入れに収納してしまうワザ。カラーボックスを中に仕込んで本棚にしてしまうこともしばしばです。**

ほかにも、部屋の一角をわがもの顔で陣取っている大物系のモノたち、たとえばスーツケースやヒーターなどの家電製品、ゴルフバッグやギターなども、意地でも押し入れの中に収納することにしています。「そんなの、絶対無理」と多くの人が今、心の中でつぶやいたと思いますが、この本で書いている「捨てる」を徹底的にやったあとは、本当に簡単にできてしまうのです。

「浴室」と「キッチンのシンク」には何も置かない

浴室に置いてあるシャンプーやコンディショナーのボトルたち。家族によって使うものが違っていたり、気分によって使い分けたり、週一回しか使わないトリートメントがあったりと、意外にたくさん持っているものです。これらをお風呂掃除のたびに外に出すのはとてもおっくう。しかも、ボトルを床に直接置いておくと、間もなく底にはあのイヤな水アカがついてきます。それでは、と水はけのよいワイヤーラックに収納して置いている方が多いようですが、これがじつはもっともクセモノ。ワイヤーといえど、濡《ぬ》れたまま置いておけば、いつかは水アカがつきます。

私の家でもかつてワイヤーラックを使っていました。サイズは大きめで、これなら家族の使うせっけんもシャンプーもたまに使うパックも全部置けてとっても便利、なんて嬉々《きき》としていたのはつかの間。最初のうちはお風呂上がりのたびにせっせとラックの水気を拭《ふ》いていましたが、そのうちワイヤー一本一本にタオルを沿わせるのが面倒になり、三日に一回、五日に一回……と頻度はどんどん低くなる一方。ラックのお手入れのことなんてすっかり忘れてしまった頃《ころ》、シャンプーを使おうとボトルを持ち上げると、底がほのかに赤くなっています。ハッとしてラックの底辺を裏返して見ると、そこは直視できないほどの水アカだらけ。泣きそうになりながらも、なんとかていねいに洗ってきれいにはなりました。でも、結局、毎日の拭き掃除にかかる手間が面倒くさくなり、お風呂に浸かっているときにラックと目が合うとあの水アカシーンが思い出されて、とうとう使うのをやめてしまいました。よくよく考えれば浴室は家の中でもつねに高温多湿で、モノを置くのにもっとも適さない場所であるはずです。

それが収納用具だろうと、中に置くモノを増やすのは言語道断といえます。

そもそもこのシャンプーたち、使うとき以外に浴室に置いておく必要があるのでしょうか。とくに家族と別のモノを使っている場合、自分が使っていない間もシャンプーたちはホカホカと温められつづけているわけで、品質低下の危機にさらされ、つらい思いをしている気がします。

だから、浴室には何も置かないことにしました。

どちらにしろ、お風呂で使っているモノは、使用後に水気を拭かなければなりません。だったら、シャンプーでも何でも、毎回使ったあとに使用済みのバスタオルでキュッと水気を拭いて、浴室の外の収納場所に収めてしまいましょう。

一見毎回の手間が面倒に思えるかもしれませんが、やってみるとこちらのほうが断然、ラクです。浴室掃除もさっとできて、水アカもたまらないし、ラックの手入れの手間もいりません。

キッチンのシンクまわりも同様です。なんとなく、キッチン洗剤やスポンジをシンクまわりに置きっぱなしにしていませんか。

ここも、「水回りは何も置かない」のが基本ルールです。

シンクの内側に吸盤でつけるスポンジラックなどもありますが、個人的にはあまりおすすめしていません。なぜならこの位置はつねに水気にさらされているのでいつまでたってもスポンジが乾かず、すぐににおうようになってしまうから。

おすすめは、スポンジは使用後にギュッと絞って、水滴の飛ばない場所に立てかけたり、ぶら下げたりして乾燥させてから、シンク下などに収納する方法。コツは、スポンジを絞るときには全力を込め、握力だけで完全乾燥させる意気込みで絞ること。意外と皆さん、スポンジの絞りが甘いことが多いですが、こうすると、アッという間に乾きます。

もちろん、乾燥させている間はスポンジが外に出ている状態になってしまいますが、**いざキッチン周りをスッキリ見せたい、というときに戻す収納場所があることが大事なのです。要は、水回りを定位置にしない、ということがポイントです。**

スポンジの使用頻度が高くて乾燥する暇が本当にない場合は、洗剤だけでも収納してみると、キッチンのスッキリ具合がアップしますので、お試しください。

それから、調味料はどうしていますか。

塩に胡椒《こしょう》に醤油《しょうゆ》に油。とにかく出番が多いし、調理の途中にさっと使いたいから、調味料はすぐ手が届く場所にあるのが一番便利。だから、コンロの真横にそのまま置くのが定番です。でも、私もそうです、という方がいたら、今すぐ彼らを避難させてあげてください。

コンロまわりは、つねに油のはねにさらされる危険地帯です。すぐ横が定位置の調味料たちは、いつの間にか油でベトベト。さらに、こまごましたビンがいくつも置いてあると掃除をするのもおっくうになり、キッチン全体がいつでもなんとなく油っぽくなりがちで、せっかくの料理タイムのときめきが低下しかねません。

だから、調味料は油はねのない場所に定位置をつくること。

キッチンの棚は、もともと調味料を収納するためのスペースを持っていることが多いので、備え付けの収納はフル活用しましょう。わかりやすいのは、コンロの横部分に細長い引き出しがついているタイプ。これがない場合は、カトラリーやさいばしなどを寝かせてしまっている引き出しを調味料置き場に。この引き出しもない場合はガス台の下にコーナーをつくればだいじょうぶです。

本棚の一番上の段を「マイ神棚」にする

じつは五年間ほど、巫女《みこ》として働いていたことがあります。私の神社好きは小学生の頃からで、今でも暇があればちょくちょく神社にお参りする習慣がついています。

私のような神社好きでなくても、必ず一つは持っているはずのお守りやお札たち。とくに女性の恋愛運アップに対する真剣さを、私はよく知っています。出雲大社を筆頭に、現場レッスンで発見される全国津々浦々の縁結び守りを、いったいいくつ見てきたことでしょう。自分磨きにいそしんで、最後のひと押しは神頼み、と抜かりない姿勢が素敵ですが、それでいて皆さん、けっこうお守りを持て余していませんか。

まず、基本的なことですが、**お守りは「買うモノ」ではなく、「授かりモノ」です。**効能は授かってから一年間が有効期限なので、期限切れのモノはなるべく早く神社にお返ししましょう。必ずしも授かった神社でなくてもかまいません。ただし、お寺のお守りはお寺に、神社のお守りは神社に返す、が決まりです。

問題なのが、まだ現役のお守りやお札たち。もちろんお守りは持ち歩くのがベスト。家のカギにつけたり、そのままポーチに入れたり、リフィルタイプの手帳を使っているなら金具部分につけて仕込んだり。でも、年に何回もいろんな神社に行ってお守りが四つも五つもある場合、すべて持ち歩くのも限界があります。これ見よがしにお守りを持ちすぎるのはときめかないし、いかにも「縁待ち」に見えるのも気がひけます。

最近はデザインがかわいいお守りが増えてきたといっても、基本は、人目につかないところでさりげなく持ち歩きたいところです。

たとえば、外資系コンサルティング会社に勤めるSさん（三一歳）の場合。彼女は、占いやパワースポットめぐりが好きな、ごくごくふつうの女性です。

デスクの浅い引き出しの奥から、「思い出箱」の中から、はたまた本の間から、ぞくぞく出てくる歴代のお守りたち。小学校のときにおばあちゃんがお土産《みやげ》でくれた学業成就のお守りから、有名神社の縁結び守り、期限切れのお守りまで計三四個。そのほか、インドで買ったミニ大仏やヨーロッパで買ったミニマリア像、そして、水晶などのパワーストーンがゴロゴロ出てきました。

そういう場合は、**家の一角に「マイ神棚」をつくってしまいましょう。**神棚といっても、方角や形式などの細かいルールは気にしません。「なんとなく神聖な感じのモノ」コーナーをつくってしまうのです。おすすめなのは、本棚の一番上の段の一画。神棚らしく、目線より高いところに置くのがポイントです。

私の片づけの裏テーマは「お部屋を神社のような空間にすること」。つまり、自分が住む家を清らかな空気の漂うパワースポットにすることなのです。

居心地のいい家、いるだけで気持ちよくなる家、なぜかリラックスできる家……、それらはおうちがパワースポットである証《あかし》です。

パワースポットのようなおうちに住みたいか、それとも、物置小屋のような部屋で暮らしていくのか。答えはおのずと明らかなはずです。

「見られたくないモノ」はクロゼットの中に飾る

「こ、ここだけは開けないでください」

お客様がかたくなに開けるのを拒否する引き出しや箱類。

誰にでも、ほかの人には持っているのを知られたくない、でも、大切なモノというのがあるものです。多いのは、アイドルのポスターなどのファングッズや、趣味の本類など。丸まった状態のポスターがクロゼットの奥に立ててあったり、CD類が箱にしまい込んであったり。

でも、これってとってももったいないと思うのです。そもそも、自分の部屋というのは、自分だけの趣味の空間で限界まで満たされていてもよいのではと思います。だから、好きなモノならしまい込まないこと。

でも、友だちや恋人に見られるのは恥ずかしい。

こんなとき、私がよくやるのが、**クロゼットなど収納の中に自分だけのときめき空間を仕込んでしまうこと。つまり、収納の中にポスターなどを飾ってしまうのです。**

たとえば、服がかかっている奥の壁とか、クロゼットの扉の内側とか。

この方法は、別に人に見られて恥ずかしいモノだけではなくても、もちろんオーケーです。飾りたいポスターや絵がいくつもある場合、でも全部飾ると部屋の感じがうるさくなってしまうとき、クロゼットの中ならば、いくらでも飾ってだいじょうぶ。ポスターでも写真でもポストカードでも、飾りモノなら何でも可能です。

収納の中こそ、まさに自分だけの秘密のパラダイス。思いっきり、あなた色に染めてあげればよいのです。

衣類は買ったらすぐにパッケージから出し、タグをはずす

片づけをしていて不思議に思うことの一つに、パッケージのままストックされているモノたちの存在があります。食品類や衛生用品ならまだしも、靴下や下着などの服類までパッケージのまま引き出しに入っているのはなぜなんでしょう。ガサガサしてかさばるし、持っていること自体忘れてしまわないのかな、と勝手ながら心配してしまうのです。

そういえば私の父も、靴下をまとめ買いするのが好きな人でした。スーパーで買い物をするたびに黒やグレーのスーツ用の靴下を買っては、パッケージごと引き出しに収納。ほかには、父の定番のグレーのセーターなんかもパッケージに入ったままクロゼットの奥に発見することがあって、パリパリのビニールに包まれた彼らを見るたび、なんだかせつない気持ちになったものでした。

これは私の父だけの話かと思いきや、お客様の家に行ってみると、けっこう多くの人が同じようにしていることがわかりました。買いだめするのは、たいてい「自分の定番」。やっぱり多いのは、靴下や下着、ストッキングなどの消耗品です。

けれど、多くの人に共通しているのは、ストックのしすぎ。パッケージのままストックしても所有感が生まれないのか、前に買ったストック分を開けてもいないのに、さらに買い足してしまうケースが本当に多いのです。**ちなみに今までパッケージのま**

ま収納されていたストッキングの最高記録は八二足。クリアケース一つ分、まるまるストックだったのです。

たしかに、買ってそのままポンと引き出しに入れてしまえば、一番ラクです。使うときにパッケージをパリッとはがす楽しみ、というのもたしかにあるのかもしれません。

しかし、と私はあえていいたいのです。使うまでパッケージのまま家にストックしてある状態と、必要になってからお店で買うのと、ストックしてある場所が家かお店かの違いがあるだけで、何も変わらないと思うのです。「安いときにまとめ買いしたほうがおトク」と思われがちですが、逆です。使うときまでお店で預かってもらう倉庫代だと思えば、値下げした分の料金なんてあまり変わらないと思いませんか。それに、やっぱり必要なときに買ってすぐに使ったほうが当然ながらモノは新しいので、新鮮な状態のモノが使えます。だからこれからは、ムダな買いだめはせず、そのつど買っていくようにして、**モノを買ったらすぐにパッケージから出して収納しましょう。**

もし、すでにストック物が大量にある場合、せめてパッケージのまま収納していたら、今すぐ出してしまいましょう。

なぜかというと、衣服をパッケージのままストックしておくのは、百害あって一利なしだから。多いのは、ストッキングをパッケージのままストックしている例。これは今すぐ出してしまいましょう。

ストッキングのパッケージには、中身が見えるようにストッキングを伸ばすための紙が入っていますが、これは家では必要ありません。**パッケージから出してたたんで収納すれば、カサは四分の一くらいに減ります。**それに一度出してしまうと、断然、手にとりやすくなって、どんどん活用できるようになります。

モノはパッケージから出して初めて「買った」ことになるのだと思います。

パッケージと同じような例だと、洋服の整理のレッスンをしているときに、買ったときの値札やブランドの紙のタグがついたままのスカートやカーディガンを見つけることがよくあります。

たいていお客様はその存在を忘れていて、「あ、こんなの持ってたっけ」と久しぶりに見たような反応をするのです。

でも、そうした服たちって、別に奥にしまい込まれているわけでもなく、ほかの服と同じようにポールに並べてかけられているのです。なのに、目に入らないのは、どうしてだろうと長い間、疑問でした。

そこで、タグがついた状態のモノについて解明しようと、デパートの洋服売り場に観察に行ったことがあります。

何度か観察を続けていくうちに、家にあるモノとお店で売られているモノの違いに気づきました。商品としてお店にかけられているモノは、家のクロゼットのポールにかけられているモノに比べて明らかに「ツン」としているのです。商品としてのモノと、家で個人のモノとして働いているモノとでは、出している空気が違います。値札がついたままの服は、その「ツン」とした感じが残っているように見えます。

私が考えるに、お店に置かれているモノは商品で、家に置かれているモノは「おうちの子」。タグをつけたままだと、モノは「そのおうちの子」になりきれないのです。クロゼットにいっしょにかかっている真正「このうちの子」オーラに負けて、存在感が薄まってしまいます。だから、選んでいるときに自然に目に入りにくくなって、そのうち忘れられてしまう、という憂《う》き目《め》にあってしまうのだと思います。

でも、タグを切ったりしたら、もし着なくてリサイクルショップに売るときに価値が下がっちゃうんじゃないの、なんて無粋《ぶすい》なことを考えてはいけません。買うときから、きちんと自分の家に迎え入れて養う覚悟で選びましょう。

だから、買ったらすぐさま、タグははずすこと。**モノが商品を卒業しておうちの子として生まれ変わるには、お店とつながる「ヘソの緒」をパチンと切ってあげる儀式**

が必要なのです。

包装シールがつくりだす「情報の多さ」を侮ってはいけない

片づけ上級者になると、モノの多さや収納法などの問題はひと通りクリアしてしまい、より居心地のよい空間を、というふうに求めるレベルも変わってくるものです。お客様の中でも、一見私のレッスンなどいらないのでは、というくらい、さっぱりとした家に住んでいる方が来られることがあります。

Ｋさん（三〇代）は、ダンナさんと六歳の娘さんの三人暮らし。小さい頃から片づけは好きなほうでモノを捨てるのも抵抗は少なく、初回のレッスンだけで本は二〇〇冊以上、ゴミ袋三二袋を減らしたかなりの優等生。ふだんは主婦業を中心に家事をしつつ、月に二回ほどママ友だちと子どもも交えてお茶会を開いたり、定期的に自宅でフラワーアレンジメントの教室を開催していたりと来客の頻度も高く、「いつお客様が来ても恥ずかしくないように」とふだんの意識もかなりのハイレベルです。２ＤＫ

の家にはつくりつけのクロゼットと押し入れ、それに背の高さほどある二つのワイヤーラックにほぼすべてのモノが収まり、白木のフローリングにはモノはなく、いつもピカピカ。仲よしのママ友だちにも、「あなた、これ以上どこを片づける気なの？」などといわれているそうですが、本人はどこか不満そうです。

「モノは少ないのですが、どうにも居心地がよくないんです。あと一歩、という感じでしっくりきません」

実際におうちにうかがってみるとおっしゃる通り、たしかにきれい。でも、どこか心にひっかかる、この感じ……。

こんなとき、私がチェックするのは、扉のついた収納の中身です。メインの押し入れをパッと開くと、やっぱり予想通り。クリアケースに貼りっぱなしのシール・消臭剤のパッケージ・収納に使っている段ボール箱……。一見すると何の変哲もない整った収納のように見えますが、そこには「たっぷり収納力」だの「瞬間！消臭」だの「伊予かん」だの、どこに視線を移しても文字・文字・文字、のオンパレード。

じつはこれが、「あと一歩」の正体です。収納を開いたときに見える「情報の多さ」が、部屋の中にざわざわ感をつくりだしているのです。

とくに日本語が多い場合、扉を開くたびに視界に飛び込んでくる文字は無意識のうちに情報として処理され、頭の中にざわざわと響きます。Kさんの場合、今日着る服を選んでいる間ずっと、「伊予かん」「消臭」と耳元でささやかれているようなものです。しかも、なぜか不思議なのですが、この文字情報の多さ、収納の扉を閉めていてもごまかせないのがコワイところ。文字は音となってほのかなBGMのように空間に漂うのです。経験上、一見スッキリしていてもなんとなく「うるさい感じ」がするおうちは、収納の中がムダな情報にあふれている場合が多いといえます。モノが少なくさっぱりしている家ほど、「情報のざわざわ感」は響くので、余計に気になってしまうのかもしれません。

だからまず、商品の包装シールはすぐにはがしましょう（洋服のタグと同様、商品の状態から「うちの子」として迎え入れてあげるという意味でも必須です）。そして、消臭剤や洗剤などあまり好きではないパッケージはフィルムをはがしてしまいます。**見えないところもおうちの一部。ときめかない余計な文字情報を減らすことで、家全体の雰囲気がグッと静かで落ち着いた空気になります。**これだけのことでびっくりするほど差がつくのですから、やらない手はありません。

大切にすればするほど、モノは「あなたの味方」になる

片づけのレッスンで私がお客様に出す課題の一つに、**「モノをねぎらう」**という課題があります。家に帰ったら、着ていた服をハンガーにかけながら「今日も暖かくしてくれてありがとう」と声をかけ、アクセサリーをはずしたら「今日もきれいにしてくれてありがとう」、バッグをクロゼットに戻すときには「あなたのおかげで今日も最高のお仕事ができました、ありがとう」。**こんなふうに、持ちモノ一つひとつに対して、その日一日、自分を支えてくれたことにちゃんと感謝する。**毎日は無理でも、たまにはねぎらってあげることも大事だと思うのです。

私がこんなふうに、まるでモノが生きているかのように感じるようになったのは、じつはある出来事があったから。

高校生のとき、初めて持つようになった自分の携帯電話。当時はまだ画面が白黒で機能も電話とメールだけのシンプルなものでしたが、淡い水色と小さくてコロンとし

たデザインが大のお気に入り。いわゆる携帯依存症というものではけっしてありませんでしたが、校則で禁止されつつも毎日制服のポケットに入れて持ち歩き、たまに取り出して眺めては、ふふふと悦《えつ》に入《い》っていたものでした。でも技術の進歩で、携帯電話はあっという間にカラー画面があたりまえの時代に。それでもかたくなに白黒携帯を使いつづけていた私でしたが、外側もだいぶ削れてきてしまったこともあり、ついに買い替えることになりました。

新しい携帯電話を手にした私は、ふと、古い携帯電話に試しにメールを送ってみようと思い立ちました。初めての携帯電話の買い替えで、はしゃぐ気持ちもあったのでしょう。内容は少し考えた末、「今までありがとう」にハートマークの絵文字をつけたシンプルなメールを打って、送信ボタンをピッ。

ピロロッとすぐに古い携帯の着信音が鳴り、すぐさまメールの内容を確認する私。当然、内容は先ほど打ったモノと同じです。「うん、ちゃんと届いたね。今まで、本当にありがとう」と直接声もかけて、携帯をパチンと閉じました。

すると数分後、もう一度古いほうの携帯を開いてみると、なぜか画面は真っ黒。どのボタンを押してもピクリとも動きません。結局、それまで一度だって壊れたことのなかった携帯が、あのメールの受信を最後に完全に動かなくなってしまったのです。

まるで、古い携帯電話が自分の役割が終わったことを悟《さと》って、自ら潔く身を引いたかのように私には感じられました。

もちろんこれは、ただの偶然かもしれないし、モノに気持ちが通じたなんて信じられない方もいるかもしれません。

一流のスポーツ選手が道具を神聖なモノとして扱い、ていねいに手入れをし、大事にするというのはよく聞く話です。きっと彼らは自然に、そうしたモノの力というものを感じているのだと思います。だとしたら、特別な仕事道具じゃなくたって、服もバッグもペンもパソコンも、ふだん使っている一つひとつのモノ全部を大切に扱えば、あたりまえの毎日に心強い助っ人が一気にできるようなもの。

モノを持つ行為は、特別な試合や勝負日にかぎらず、日常にあるあたりまえの行為です。

私たちが意識していなくても、モノは本当に毎日、持ち主を支えるためにそれぞれの役割を全うしています。一生懸命私たちのために働いてくれているのです。

私たちが一日働いて、自分の家に帰ってホッとするのと同じように、**モノだって、自分のいつもの場所に帰ってくれば安心します。**

帰る場所がないのって、とっても不安ですよね。私たちが毎日、会社に行って働いたり、外に買い物に行ったりして、外の社会と行き来することができるのは、どんなときも同じ場所で待ってくれているおうちの存在があるからです。それはモノにとっても同じです。

毎日同じ場所に帰ってこられる安心感があることは、モノにとっても大切なことなのです。

だから、ちゃんと定位置があって、そこに戻されて休めているモノたちは、輝きが違うのです。たとえば、洋服をていねいに扱うようになったお客様から、「毛玉がつきにくくなったり、お茶をこぼしにくくなったりして、服が長持ちするようになった」なんて声が絶えないのも、**持ち主の気遣いはさることながら、持ち主を支えようというモノたちの気合いのなせるワザ**だと私は思っています。

モノは大切に扱われれば、必ず持ち主に応えてくれる。

そういう意味で、モノが喜ぶ収納になっているかどうか、ときおり私は自分に問いかけることがあります。

私にとって収納とは、モノのおうちを決める神聖な行為なのです。

第5章

人生がドラマチックに変わる片づけの魔法

部屋を片づけると、なぜかやりたいことが見つかる

世の中にはいわゆる「学級委員タイプ」という人が存在します。目立つのが好きでリーダーシップがある、みんなの人気者につく称号です。では、私はというと、それはもちろん「整理整頓《せいとん》タイプ」。目立たず、騒がず、ただ黙々と教室の隅で棚を整理しつづける、モノ好きにつく称号です。

これはたとえ話でも冗談でもなく、私が小学校に入学して初めてついた学級の係は「整理整頓係」でした。今でもはっきり思い出せるのですが、飼育係やお花係に人気が集中してじゃんけん勝負になっている一方、「せいりせいとん係」に「はいっ！」と意気揚々と手を挙げたのは私一人。今から考えると、その頃《ころ》から私の片づけ遺伝子は体の中にはっきりと存在していたわけです。

あっさりと憧《あこが》れの役職についた私が、その日から堂々と教室の本棚やらロッカーの上やらを嬉々《きき》として整理整頓しつづけてきたのはこれまでお話ししてきた通り。こん

な話をすると、「そんな小さい頃から好きなモノがはっきりしていて、うらやましい」「自分は、何が好きなのかわからなくて……」というふうにいわれることがあります。

しかし、じつは私自身、こんなに片づけが好きだと自覚したのは、つい最近のことなのです。

今でこそ、ほとんど毎日のようにお客様の家に行ったり、講演をさせていただいたり、片づけ一色の生活を送っている私ですが、小さい頃の夢はお嫁さん。片づけは私にとってはあまりに日常で、まさかこれが仕事になろうとは実際に独立するときまで想像すらしていませんでした。だから、「趣味は？」なんて聞かれるたびにとまどって、苦しまぎれに「読書です」と答えては、「私はいったい、何が好きなんだろう」とため息をついていました。

整理整頓係の話にしても、その事実をずっと覚えていたわけではありません。まさに部屋の片づけをしているときに、本当にふと、「ああ、そういえば初めての係は、整理整頓係だったなあ……」と、小学校の教室で見ていた黒板の風景を一五年ぶりに思い出したのです。と同時に、そんなに昔から片づけに興味があったことを再認識して、私自身、新鮮な驚きを感じました。

あなたも試しに、小学生のときについていた係や大好きだったことを思い出してみてください。それが動物を世話することであれ、絵を描くことであれ、まったくそのままでないにしても、何かしら今のあなたがあたりまえのようにしていることにつながっているのではないでしょうか。**自分が本当に好きなモノの根っこは、時がたっても変わらないと私は思います。そして、その根っこを見つけるのに片づけは大いに役立つのです。**

私のお客様で、学生時代から仲よくしているAちゃんという子がいます。彼女はもともと大手ＩＴ企業に勤めていたのですが、片づけをして自分の本当に好きなことを発見した一人です。

片づけを終えた彼女が気づいたのは、ときめくモノだけ残した本棚には、社会福祉関係の本ばかりがズラリ並んでいたという事実。社会人になってから買った英語の教材や秘書検定などの資格の本はすっかりなくなったのに、中学生の頃に買った福祉の本は残っていたのです。

そのことがきっかけで彼女は、中学生の頃から社会人になるまでベビーシッターのボランティアを続けていたことをあらためて思い出したといいます。「子どもを産んだ女性でも、安心して働ける社会をつくりたい」。自分に秘められたそんな情熱に気づいた彼女は、レッスンを卒業してから一年間、独立のための勉強など準備を続け、ついに会社を辞めてベビーシッター事業の会社を設立。今ではたくさんのお客様に頼りにされ、手探りながらも毎日仕事を楽しんでいます。

「片づけをしたら、自分のやりたいことが見つかりました」

じつはこんな声が私のお客様からは絶えないのです。実際、レッスン卒業後は独立したり転職したり、今までの仕事にもっと真剣に取り組むようになったり、何かしら仕事について意識が変わったという方がほとんどです。もちろん仕事でなくても、趣味でも家事でも、毎日の中で「好きなこと」を意識する時間が自然と増えて、ふだんの生活がいきいきとしてくるのです。

自分という人間を知るには、机に向かって自己分析したり、人に話を聞いたりするのももちろんよいけれど、片づけするのが一番の近道だと私は思います。持ちモノは自分の選択の歴史を正確に語ってくれるもの。片づけは、本当に好きなモノを見つける自分の棚卸しでもあるのです。

人生をドラマチックに変える「片づけの魔法」効果

「これまでは自分に何かをプラスしていくことが大事と信じて、セミナーを受講したり、勉強して知識を増やしたりしてきました。でも、足すことよりも引くことのほうがはるかに大事だということを、片づけを通して初めて気がつくことができました」

これはとっても勉強熱心で、膨大な数の社外人脈を築き上げてきたMさん（三〇代）の言葉です。Mさんは私のレッスンを受けてからというもの、人生が激変したといいます。

「捨てたくないもの第一位」だった膨大な数のセミナー教材を捨てたら、心の重荷がとれ、いつか読み直すかもしれないと思ってとっておいた五〇〇冊近い本を捨てたら、どんどん新しい情報が入ってくるようになり、大量の名刺を捨てたら、会いたいと思っていた人から連絡がきて自然と会えるようになったのだとか。

彼女はスピリチュアルなことも大好きらしいのですが、「風水とか、パワーグッズとか、そういうことよりも、じつは片づけのほうが断然、効果がある」とうれしそうに語ってくれました。今では勤めていた会社を辞め、本の出版も決まるなど、新しい人生にまっしぐらといった感じです。

彼女にかぎらず、片づけをすると人生がドラマチックに変わります。それはもう、一〇〇％といっていいくらい。**「片づけの魔法」と私が呼ぶその効果が人生に及ぼす影響は絶大です。**ご本人から片づけ後の変化についてお話をたまに聞かせてもらうと、何よりも私がびっくりするくらいです。さすがに今ではそれがあたりまえになったので驚くことも少なくなりましたが、**「一気に短気に完璧《かんぺき》に片づけをやり終えた人」の人生は、間違いなくドラマチックに変化していくのです。**

Mさんの母親であるSさんは、小さい頃から片づけなさいといっても片づけられなかった娘の部屋からモノが消えたことに衝撃を受け、私のレッスンを受けに来られました。自分は片づけられる人だと思っていたけど、じつはそうではなかったことにあらためて気づかされたそうです。そして、片づけることが快感となり、高かったからとなかなか捨てられなかった趣味の道具なんかも、惜《お》しげもなく手放すことができ、不燃ゴミの日が待ち遠しくなったのだとか。

「これまでは自分に自信がなく、変わらなければ、変えなければという思いが強かったのですが、このままの自分でいいと思えるようになりました。物事を判断するときの基準をしっかり持てるようになったことで、大いに自信がついたのだと思います」

Sさんの言葉にもあるように、**「片づけの魔法」効果の一つが、自分の判断に自信が持てるようになることです。**モノを一つひとつ触って、ときめくかどうか自問自答し、そして残すのか捨てるのか、判断を下す。

片づけの過程で、この瞬間を何百、何千と繰り返すことによって、判断力が自然と研ぎ澄まされていきます。

自分の判断に自信が持てない人は、自分にも自信がないものです。何を隠そう、私自身がそうでした。その私を救ってくれたのが、「片づけ」だったのです。

「片づけの魔法」で生きていく自信が生まれた

どうして自分がこんなに片づけにこだわるのか考えてみたことがあります。おそらくそれは、親にかまわれたいという願望と、母親に対するコンプレックスがそもそもの原動力ではないかと考えています。

私は三人きょうだいの真ん中っ子で、三歳以降はあまり両親にかまわれませんでした。もちろん私の両親はけっしてそんなつもりはなかったと思うのですが、長男である兄と末っ子である妹にはさまれた当時の私は、なんとなくそんな気がしてしかたがなかったのです。

幼稚園の年長から家事や片づけに興味をもったのも、兄や妹に手がかかるので両親に迷惑をかけないように子どもながら気をつかい、小さい頃から人に頼らないで生活したいという意識があったからでした。両親からほめられたい、注目されたいという意識ももちろんあったと思います。

小学校一年のときから目覚まし時計を使って、誰よりも早く自分で起きているような子どもでした。人に頼ったり、信頼したりするのが苦手で、自分の気持ちを人に伝えることも大の苦手。休み時間はずっと一人で片づけをしていたわけですから、今の基準でいえば、どう考えても明るい子どもとはいえないでしょう。一人で校内をうろうろするのが好きで、それは大人になった今でも同じです。旅行でも、買い物でも、基本的に一人で行動するのが私の中ではあたりまえとなっています。

こんなふうに、他人との間で信頼関係をつくる経験に乏《とぼ》しかったので、モノとの関係について異常なほど執着してしまったのでしょう。**人前で弱みを見せたり、自分の本心を見せたりすることが苦手だったので、ありのままでいさせてくれる自分の部屋やモノがこんなに愛《いと》おしいのだと思います。**

無条件に愛されているとか感謝するという感情を、親や友人よりも先に教えてくれたのが、モノたちであり、おうちでした。

じつをいうと、私は今でも、自分自身には自信がありません。まだまだ若くて経験も浅いし、足りないところだらけの自分に嫌気がさすときもあります。

けれど、自分の環境には自信があります。

自分の持っているモノや身につけているモノ、そして自分のおうちやまわりの人たちといった、自分の置かれている環境については、誰かと比べてすごいとか、ゴージャスだというわけではないけれど、**少なくとも私にとっては、一つ残らず、本当に大好きで愛おしくて大切で、素晴らしいものに囲まれて生きているという自信と感謝の思いがあります。**

そういう、自分がときめくモノたちや人たちに支えられている。だからこそ、自分はだいじょうぶ、と思えます。以前の私と同じように、他人に対して心を開くことができず、**自分に自信がない人がいたら、持ちモノや部屋という身近に支えてくれている存在がいることに気づいてほしい。**来る日も来る日も人のおうちに行って、個人宅の片づけレッスンという仕事に励んでいるのは、一人でも多くの方に、そのことに気づいてもらいたいからです。

それは「過去に対する執着」か、「未来に対する不安」か？

「ときめかないモノは、捨てる」

この方法を少しでも試してみた方なら、「ときめく」か「ときめかない」かの判断が、それほどむずかしくはないことにもうお気づきだと思います。まさにモノに触った瞬間、自分の答えは出ているからです。むずかしいのは、「捨てる」という判断を下すことでしょう。

「この調理器具、今年は使わなかったけど、いつか使うかもしれないし……」

「あっ、あの彼にもらったアクセサリーだ。あのときはよかったな」

こんなふうにさまざまな理由が、捨てることを阻《はば》んでいるように思えます。

しかし結局、捨てられない原因を突き詰めていくと、じつは二つしかありません。

それは「過去に対する執着」と「未来に対する不安」。この二つだけです。

もしモノの見極めをしているとき、「ときめかない。でも捨てられない」と思ったら、次のようにちょっと立ち止まって考えてみましょう。

「これって『過去に対する執着』で捨てられないのかな、それとも『未来に対する不安』で捨てられないのかな」

捨てられないモノ一つひとつについて、どちらが原因かと考えていきます。そうすると、自分のモノの持ち方の傾向がつかめてきます。「あ、自分って『過去執着型』なんだ」とか「『未来不安型』なんだ」、もしくは「両方多いタイプだな……」と。

なぜ「自分のモノの持ち方」の傾向をつかむことが大事かというと、モノの持ち方は、自分の生きるうえでの価値観そのものを表しているからです。

何を持つのかは、まさにどう生きるのかと同じこと。「過去に対する執着」や「未来に対する不安」は、モノの持ち方だけではなく、人との付き合いや仕事の選び方など、すべての選択基準に通じていることがわかりますでしょうか。

たとえば、未来に対する不安が大きい女性は、付き合う男性を選ぶとき、純粋に

「この人が好き。いっしょにいると心地いい」から付き合うというよりは、「この人と付き合っておけばトクかもしれない」「この人と別れたら、もうこれ以上の人とは出会えないかもしれない」という理由で好きでもない人といっしょに過ごしたりしてしまいます。職業選択でいえば、「この仕事が好き」「やりたい」という理由ではなく、「この会社に入っておけば、大企業だからツブシがきくだろう」とか「資格でもとっておけば安心だろう」という理由で会社や仕事を選んでしまうのです。

そして、過去に対する執着が大きい人は、「二年前に別れた恋人が忘れられない」といってなかなか次の恋愛に踏み出せなかったり、今の仕事のやり方ではうまくいかなくなっていることを本当は気づいているけど、「これまでこのやり方で成功してきたんだ」となかなか方法を変えられなかったりします。

このように「過去に対する執着」と「未来に対する不安」にとらわれているとき、つまりモノが捨てられないときというのは、「今、自分にとって何が必要か。何があれば満たされるのか。何を求めているのか」が見えていない状態です。**自分にとって必要なモノや求めているモノが見えていないから、ますます不必要なモノを増やしてしまい、物理的にも精神的にもどんどんいらないモノに埋もれていってしまいます。**

では、「今、自分にとって必要なモノ」をはっきりさせるためにはどうしたらよいのかというと、それはやっぱり不必要なモノを捨てていくことです。**どこか遠くに探しに行ったり、新しく買いに行ったりする必要はありません。今、自分が持っているモノにていねいに向き合い、いらないモノを減らしていくだけでよいのです。**

モノと向き合いながら捨てていくのは、はっきりいってつらい作業でもあります。その過程で、過去の自分の至らなさや、愚《おろ》かだった部分を認めざるをえないからです。**私自身、モノを捨てていくなかで、これまで何度も自分の過去と向き合い、顔から火が出るほどの恥ずかしさと後悔を味わってきました。**小学生のときに集めた大量の香りつきの消しゴムや中学生のときにハマっていたアニメのグッズ、高校のときに背伸びして買ったけれどまったく似合わない洋服、必要ではないけれど買う瞬間の見栄のためだけに買ったバッグ……。

「ああ、今までなんてムダなお金を使ってきたんだろう」「両親に申し訳ないなぁ」「何年も使わなかったモノに、こんなにも部屋の空間を費やしてきてたのか」と、ゴミ袋を前にしていったい何度絶望したことでしょう。

それでも、ここにモノがあるという事実。それは過去に、他人ではなく、ほかならぬ自分自身が選択した結果、そこにモノが存在しているのです。危険なのは、それらを見て見ぬふりをしたり、自分の選択を否定するかのように乱暴に捨ててしまったりすることだと思います。**だから私は、モノを無意味にため込むことも、「とにかく何も考えずに捨てる」という考えにも反対。一つひとつのモノに向き合って、そこで出てきた感情を味わって初めて、モノとの関係が消化できると考えています。**

今持っているモノたちに対し、私たちの選べる道は三つあります。**今向き合うか、いつか向き合うか、死ぬまで向き合わないか。**どの道を選ぶかは私たちの自由です。といいつつ、私が絶対におすすめしたいのは、「今、向き合うこと」。

モノを通して「過去に対する執着」と「未来に対する不安」に向き合うと、今自分にとって本当に大切なモノが見えるようになります。すると、自分の価値観がクリアになり、その後の人生の選択に迷いが少なくなるのです。

迷いなく自分が選択したことに情熱を注ぐことができれば、より早く、自分の理想に近づくことが可能です。

つまり、モノと向き合いはじめるのは早ければ早いほどいい。片づけを始めるなら、まさに今なのです。

「モノがなくてもなんとかなる」と思えるようになる

片づけを始めると、次から次へとどんどん出てくるゴミ袋。最近では、私の片づけ講座に参加された方やお客様同士の間で「今日は何袋捨てた」「こんなモノが出てきました」なんて報告し合っています、という声も聞くようになりました。

ちなみにお客様の中でこれまで出てきたゴミ袋の最高記録は、ご夫婦二人で二〇〇袋。このほかに袋に入らない粗大ゴミがさらに一〇個以上はありました。これを聞いて、「すごい収納量の家ですね」「いったい、どんなゴミ屋敷……」と思われた方、ちょっとあまい。実際、この数字を話すとまるで人ごとのようにびっくりしたり、苦笑いしたりする人がほとんどなのですが、じつはこのお宅、ゴミ屋敷でもなんでもない、いわゆるふつうのおうちでした。初めて見たときの印象も、ちょっとゴチャゴチャしているなあ、という程度。二階建ての一軒家で部屋は四部屋、物置になっていた屋根裏部屋もあるので、たしかに平均より少しは広いかもしれませんが、それでも驚くほどの差ではありません。つまり、同じくらいのモノが出る可能性は誰だって大いにありうるのです。

私の片づけレッスンのなかでお客様が捨てたり手放したりするモノの数は、半端な数ではありません。四五リットルサイズのゴミ袋二、三〇袋はあたりまえ。一人暮らしの方で平均四〇袋以上、三人家族なら七〇袋近くは軽く出てきます。

これまでを合計するとゴミ袋で二万八〇〇〇袋以上、モノの個数でいうとおそらく一〇〇万個以上のモノを手放していただいてきたはずです。

しかし、これだけモノが少なくなったのにもかかわらず、「こんまりさんが捨てろというから捨てたら、あとで困った」というクレームをいただいたことは、じつは一度もありません。

理由の一つは非常に明確で、**ときめかないモノを全部捨てても、本当に困らない**からです。片づけを終えたお客様のほぼ全員が驚くのがこの点で、あまりに生活に支障がないので、今までいかに自分が本当はいらないモノに囲まれていたのかを痛感します。これはモノの量が五分の一以下に減ったような方でさえ例外ではありません。

もちろん実際は、モノを捨てたあとに、「あ、あれ、捨てちゃったよ……」と後悔するようなことが一度もないわけではありません。それどころか、最低三回は起こると思って間違いないでしょう。これを聞いて不安に思う方もいるかもしれませんが、だいじょうぶです。

それでもなおクレームがない理由は、「モノがなくても行動すればたいていのことは解決できる」ことを体感してしまうから。お客様が「うっかり捨ててしまったモノ」の話をするときの共通点は、明るいこと。ほとんどの場合、「いやー、一瞬しまったと思っても、死ぬようなことにはならないんですよね」と笑っているのです。これはもともとお客様が明るく前向きな性格だったからでも、モノがなくなった際のトラブルに対して、いい加減に対応するようになったからでもありません。むしろその逆で、モノを捨てることでマインドが変わっていったのです。

たとえば、捨ててしまった書類の内容があとから必要になったとき。まず、持っている書類自体が少ないので、家の中をガサガサ探すまでもなく「持っていない」ことは明らかです。**この「探す必要がない」ことによるストレス軽減効果は計り知れません。**散らかった状態が人の心を蝕《むしば》む理由の一つは、あるのかないのかわからないのに探さなくてはならず、しかも、探しても探しても出てこないことにあるのです。

ところが、書類置き場が一か所なら、持っているか持っていないかすぐにわかるので、ないならないと割り切って、「では、これからどう行動したらよいか」とすぐに頭が切り替わります。知り合いに聞く、会社に問い合わせる、自分で調べる。いくつか手段を思いついたら、手元には何もないので行動するしかありません。すると、たいていのことは案外あっさり解決してしまうことに気づかされるのです。時間をかけて探したけれども見つからなかった、というストレスを感じることもなく、それどころか、調べ直したら新しい情報を発見したり、知り合いに連絡をとることで関係が深まったり、「そのことについてならもっと詳しい人を紹介するよ」と新たなご縁がつながったりと、思わぬプラスアルファの効果が得られることも多いのです。

こうした経験を繰り返すと、とにかく行動すれば、自分にとって必要な情報は必要なときに得られる、ということが感覚としてわかるようになります。

この「モノがなくても、どうにかなるんだな」という感覚、一度わかってしまうと生きることがグッとラクになります。

そして、もう一つ。クレームが起きない一番の理由でもあるのですが、**片づけをつづけることで、判断の責任を人にゆだねなくなるのです。**つまり、トラブルが起きたときも、「あのとき、あの人がこういったから……」というふうに原因を外に求めなくなる、ということ。すべては自分の判断で、大事なのは今自分がどう行動するべきか、というふうに考えられるようになります。

なぜなら、片づけをすることは、自分の価値観で判断をしていく経験の連続だからです。持ちモノすべてに対して「ときめくかどうか」自分に問い続け、捨てるかどうかの判断を積み重ねることによって、決断力が磨かれていきます。モノを捨てずにため込むことで、決断力を養う機会を逃しているのは、もったいないことだと思いませんか。

実際、お客様の家にうかがったときに私がモノを捨てることはなく、すべて最終判断はお客様にゆだねています。ここで私が捨てる「代行」をしてしまっては片づけをする意味がないのです。

つまり、片づけをすることで、マインドが明らかに変わっていくのです。

おうちにあいさつ、してますか？

私がお客様のお宅にうかがって一番はじめにするのは、「おうちにごあいさつをすること」です。家の中心あたりの床に正座して、心の中でおうちにそっと話しかけます。名前・住所・職業などの簡単な自己紹介の後、たとえば「佐藤さんとご家族がもっともっと幸せに過ごせる空間がつくれますように」といって、一礼。この二分間の沈黙の儀式を、お客様は不思議そうに見つめています。

このあいさつの習慣は、神社に参拝するときの作法をもとに自然と始めるようになったものです。いつ頃からそうするようになったのか、自分でも定かではないのですが、お客様のおうちのドアを開けるときの緊張感が、神社の鳥居をくぐるときの神聖さに似ていることに気づいたのがきっかけになっていると思います。あいさつなんて気休めだよ、と思われるかもしれませんが、これをやるのとやらないのとでは、片づけの進むスピードが本当に違うのです。

ちなみに私は片づけ作業をするときであっても、ジャージのような作業服は着ません。たいていワンピースにジャケット姿。ときどきエプロンをつけることもありますが、実用性よりデザイン重視。お客様には、「そんな正装して汚れたりしませんか？」と驚かれますが、これで家具を動かしたり、キッチンの流しの上に飛び乗ったり、けっこうアクティブに片づけをしていますが、まったく問題ありません。それに家に対する尊敬を示すという意味でもあるし、**片づけは、家を出ていくモノたちの門出を祝うお祭りだと思っているので、ついついきちんとした格好をしたくなるのです。**

きちんとした格好でおうちに敬意を示し、あいさつして片づけを始めると、住む人がもっと心地よく暮らすためにはどのモノを出すべきなのか、どこにモノを置くべきなのか、おうちが教えてくれるような気がします。だから、モノの定位置を決めるときも、スムーズにピタッと決めることができるし、迷いなく片づけを進めることができるのです。

「それはこんまりさんが片づけのプロだからできることで、自分にはおうちの声なんて聞こえないし、一人で片づけなんて、無理」と思われる方もいるかもしれません。

でもじつは、持ちモノやおうちに関しては、その持ち主が一番よくわかるものです。私のお客様もレッスンが進むにつれて、「何を捨てるべきなのか、はっきり見えてきた」「モノの置き場所が、自然とわかるようになった」といって、自分で片づけをどんどん進めるようになっていきます。

この感覚をより早くつかめるようになる、とっておきの方法が一つあります。それは、帰ったらおうちに向かって「ただいま」と声をかけること。これは個人レッスンに来てくださったお客様にお出しする、一番はじめの課題です。家族やペットに声をかけるのと同じように、家にも特別に声をかけてあげます。もちろん、帰宅してすぐにいうのを忘れてしまってもかまいません。ふと思い出したときに「ただいま」とか

「いつも守ってくれてありがとう」と、伝えるようにしてください。声に出すのは少し恥ずかしいという場合は、心の中でいっていただいてもだいじょうぶです。

これを繰り返しているうちに、「ただいま」の声におうちが返してくれるのがわかります。ふわっと風が来るような、おうちが喜んでいるような感覚です。すると、どこを片づけてほしいのか、どこにモノを置いてほしいのかが少しずつわかるようになってきます。

おうちとコミュニケーションをとりながら片づけをする。ともすると夢見がちで実用的でない考え方のように聞こえますが、じつはここを見逃すと片づけはうまくいきません。**本来、片づけとは人とモノとおうちのバランスをとる行為であるはずです。**けれど、これまでの片づけ法では、モノと自分の関係性は強調されても、おうちの存在はあまり考えられていなかったように思います。

私がおうちに対して何か大きな存在を感じるのは、お客様のところにうかがうたびに、それぞれのおうちがどれだけ住む人のことを大切に思っているかが伝わってくるからです。いつでも同じ場所で待っていてくれて、守ってくれる。どんなに働いてくたくたになった状態の自分も癒《いや》してくれる。逆に「今日は働きたくない！」と素っ裸で転がっていても、「いいよ」と受け入れてくれる。ここまで懐《ふところ》の深い、あたたかくて大きな存在はそうそうほかにいません。片づけとは、いつも自分を支えてくれるおうちへの恩返しであるべきだと思うのです。

試しに、どうすればおうちが喜ぶか、という視点で片づけをしてみてください。いつもより迷いなく片づけが進むことにきっと驚くはずです。

あなたの持ちモノは、あなたの役に立ちたいと思っている

人生の半分以上の年数を、片づけについて考えることに費やしてきました。

私は今でも毎日のようにお客様の家を訪れ、そこにあるたくさんのモノたちと向き合う日々を送っています。クロゼットの中はもちろん、引き出しの一つひとつまで、ここまで他人の持ちモノのすべてを「ありのままの状態」で見る職業は、おそらくほかにないでしょう。

それだけ多くの家を見てきたなかでも、持っているモノも趣向もすべてが同じ人なんて、もちろん一人もいませんでした。けれど、家にあるすべてのモノに共通してい

ることが、たった一つだけあることに気づいたのです。

今、あなたの部屋にあるモノは、どうしてそこにあるのだと思いますか？

「自分が選んだから」「自分に必要だったから」「偶然が重なって」。もちろん、全部、正解です。

家の中にあるすべてのモノは、あなたの役に立ちたいと思っています。

それは、これまで片づけをするなかで部屋の中にある数百万個ものモノを真剣に見てきて、一つの例外もなかったと、断言できます。

あたりまえのことのようですが、モノがおうちにあることって、ものすごいご縁だと思いませんか。たとえば、一着のシャツ。たとえそれが工場で大量生産されていたモノだとしても、あなたがその日にそのお店で買って持って帰ってきたそのシャツは、世界でたった一つしか存在しません。

モノとのご縁は、人と人とのご縁と同じくらい、貴重で尊い出会いなのです。

だから、そのモノがあなたの部屋にやってきたのには、必ず意味があるはずです。

こういうと、「じゃあ、この服は長い間ぐちゃぐちゃのままで放置してしまったから、なんだか恨《うら》めしそうに見える」「使ってあげなきゃ、呪《のろ》われそう」とおっしゃる方がいます。

けれど、これまでの経験のなかで、いわゆる「恨めしそう」なモノなんて、本当にただの一つも見たことがありません。それは持ち主自身が、罪悪感から勝手にそう感じてしまっているだけです。では、部屋にある「あなたが〝ときめいて〟いないモノ」はどう思っているのかというと、純粋に「外に出たい」と思っています。モノ自身、クロゼットのこの場所にいることで、「今のあなた」を幸せにしていないことを、何よりも知っているのです。

すべてのモノは、あなたの役に立ちたいと思っています。モノは、捨てられて形がなくなったとしても「あなたの役に立ちたい」というエネルギーは残ります。エネルギーとなって自由になったモノは「〜さんという、素敵な人がいるよ」とまわりに知らせながら、世の中を回ります。そして、「今のあなた」にとって、一番役に立ってくれるモノ、一番幸せにしてくれるモノとなって、また戻ってきてくれるのです。

それは、たとえば服なら、新しい素敵な服となって戻ってきてくれるかもしれないし、ときには情報やご縁など形を変えて戻ってきてくれるときもあります。

断言します。手放したモノとまったく同じ分だけ、戻ってきます。ただしそれは、モノが「またあなたのところへ戻ってきたいな」と思えるときにかぎります。

だから、モノを捨てるときは、「あーあ、全然使わなかったなあ」とか「まったく使わなくて、ごめんなさい」という思いだけではなく、「私と出会ってくれてありがとう」「いってらっしゃい！　また戻ってきてね」と元気に送り出してあげるのが正解です。

今はもうときめかなくなったモノを捨てる。それは、モノにとっては新たな門出ともいえる儀式なのです。ぜひその門出を祝福してあげてください。

モノは、手に入れたときだけでなく、捨てられるときにもいっそう輝くのだと、私は思います。

お部屋と体はつながっている

片づけを進めていくうちにお客様から聞こえてくるのが、「体重が減りました」「お腹まわりがスッキリしてきたような……」という声。**不思議な話ですが、どうもモノを減らしていくと、家のデトックスに体が反応するのか、体にもデトックス効果が出てくるようです。**

とくに一日でゴミ袋四〇袋とか一気にモノを捨てた場合、一時的にお腹を下したり、肌に吹き出物が出てきたり、まるでプチ断食したかのような変化が起こることがあります。これは別に悪いことではなく、体に今までたまっていた毒素が一気に出てきたから起きる現象であって、二日もすれば元に戻るどころか体はスッキリ軽く、お肌もツルリとなります。あるお客様の話では、一〇年間くらいほったらかしにしていた押し入れと物置のモノを合計一〇〇袋捨てたところ、直後に豪快にお腹を下した後、びっくりするほど体が軽くなったといいます。

「片づけすると、やせます」「モノを捨てると、お肌がきれいになります」。一見すると、うさん臭い広告のようですが、これはあながちウソではありません。こればっかりはビフォアとアフターでご紹介できないのが残念ですが、実際、私のお客様もお部屋がきれいになるにしたがって、明らかに見た目の印象がスッキリし、肌の輝きや瞳のキラキラ感も強くなっていきます。

仕事を始めた当初、私はこれが不思議でなりませんでした。けれど、よくよく考えれば、不思議な話でもないのです。これは私の仮説ですが、次のようなことなのではないでしょうか。

まず、片づけをすれば単純に部屋の空気がきれいになります。なぜなら、モノが少なくなれば、部屋にたまるホコリが減るのはもちろん、掃除をする頻度が増えるからです。床が見えるのでホコリがたまると目立って気になるようになるのと、掃除がしやすいのでこまめに床を拭《ふ》いたり掃除機をかけたりするようになります。部屋の空気がきれいになればお肌にも絶対よいはずです。キビキビ動いて掃除をすればダイエット効果も期待できそうです。

そして、片づけを完璧に終えた状態になると、片づけのことを考えなくてもよくなるので、自分の人生にとって大事な、次なる課題が明確になります。女性の多くはダイエットしたいと考えているので、そこに意識が集中して、歩く距離が増えたり、食べる量が減ったりといった、ダイエットに必要な行動を無意識にとるようになるのでしょう。

でも、**一番大きな理由は、「足ることを知るから」**ではないでしょうか。

片づけをしたあと、多くの人が「物欲が減った」といいます。それまではいくら服を持っていても「今日着る服がない！」と思っていたように、いつも不足感があったけれど、片づけをしてときめくモノだけが残っている状態にすると、必要なモノはそろっている、と思えるようになります。

モノをため込むこともモノを食べることも、「満たされない」という欲求を埋めることに変わりありません。衝動買いも暴飲暴食も、ストレス解消の一つの手段なのですから。

ちなみに、服を捨てるとお腹がスッキリして、本や書類を捨てると頭が軽くなって、化粧品などコスメ関係を減らして洗面所など水まわりがスッキリするとお肌がツルンとなる、というのがこれまでの経験から見た傾向です。科学的な根拠はありませんが、なんとなく、捨てたモノと同じような箇所が反応しているのもおもしろいですよね。お部屋がきれいになったついでに自分自身もきれいになれて、ダイエット効果も期待できるお片づけ。まったく、どこまで素晴らしいのかしら。

「片づけると運気が上がる」は本当か？

「部屋を片づけると運気が上がる、というのは本当ですか？」

風水ブームの影響で、こんな質問をいただくことがよくあります。風水とは、身のまわりの環境を整えることで運気を上げていく開運法のことで、日本では二〇年ほど前からはやりはじめ、今ではずいぶん一般的に知られるようになりました。もともと、風水をきっかけに片づけに興味を持った方も多いのではないでしょうか。

私は風水の専門家ではありませんが、片づけ研究の一環で風水に関しても基礎的なことをひと通り勉強したことがあります。

運がよくなるかどうかを信じる、信じないは自由ですが、日本では古来より方位学や風水の知識を活用して人々は生活をしてきました。私は、こうした先人の知恵を活用した片づけを実践しています。

たとえば、たたんだ服を引き出しの中に収納する場合、立てた洋服の色がグラデーションになるように並べていきます。**具体的には、引き出しの手前のほうは色が薄く、奥に行くほど色が濃くなるように収納していくのが正解。**これで運気が上がるかどうかはともかく、引き出しを開けたときに服がきれいにグラデーションで並べられているのを見るだけで、誰もが気持ちよくなってしまうもの。しかも、たしかに手前を薄い色にして収納したほうが、なぜか心が落ち着くのです。

つまり、自分の身のまわりの環境を少しでも心地よく整えて、毎日感じるときめきを増やしていくこと。これぞまさに片づけの極意。こんなふうにふつうに生活していくなかで感じるときめきが増えれば増えるほど、それって運気が上がっていることといえるのではないでしょうか。

風水の基礎となっているのは、陰陽五行という考え方です。これは要するに「モノにはそれぞれ違う気が宿っています」ということ。そして陰陽五行にもとづいた風水というのは、「モノにはそれぞれ違う気が宿っているから、それぞれの性質に合ったモノの扱い方をしましょう」ということ。これって、とってもあたりまえのことをいっているにすぎないと思うのは私だけでしょうか。つまり、自然に則した生活をしていきましょうね、というのが風水の基本的な考え方なのです。

私が考える片づけの目的も、これと同じ。

片づけをする本当の目的は、究極に自然な状態で生きることだと、私は思います。**だって、ときめかないモノを持っていたり、必要のないモノを持っていたりするのは、不自然な状態だと思いませんか。**ときめくモノだけ、必要なモノだけを持っている状態こそが、自然な状態だと思います。

だから、片づけをすることで、人は自然体で生きられると思うのです。自分にとってときめくモノを選び、今、自分にとって本当に大切なモノを大切にしていく。こんなあたりまえのことがあたりまえにできること以上に幸せなことはありません。これを開運というならば、それをかなえる一番の方法が片づけだと、私は確信しています。

「本当に大切なモノ」の見分け方

お客様がモノの山からひと通り「残す」「捨てる」を判断し終わったところで、私はあらためて「残す」コーナーからいくつかのモノを選び出すことがあります。そして、「これと、これと、このTシャツ、あとこのニット、本当にときめきますか？」と聞き直すと、お客様は目を丸くして驚きます。

「どうしてわかるんですか？　じつは、それらは全部、手放すかどうか迷ったモノなんです」

もちろん私は洋服自体のデザインのよしあしに詳しいわけではないし、単純に古さで選んでいるのではありません。けれど、モノを選ぶお客様の動きを見ていればたいていのことはわかります。モノを持ち上げる手つき、触った瞬間の目の輝き、判断するスピード。心からときめいているモノと迷いがあるモノとでは、明らかに様子が違うからです。

本当にときめいているモノは判断が早いし、モノを持つ指先はやわらかく、見る眼差しにはキラキラと光を感じます。ときめいていないモノを持ったときは一瞬手が止まり、首をかしげ、眉《まゆ》をひそめて思考をめぐらせた末、ボンと投げるようにして「残す」コーナーに置きます。そんなとき、眉間《みけん》にも口元にも暗さが宿るのです。

ときめきの感情は体に表れるので、私はそこを見逃しません。

でも、本当のことをいうと、選んでいる最中のお客様を見ていなくたって、「ときめきに迷いあるモノ」はわかってしまいます。

私のレッスンでは、お客様のご自宅にうかがう前に、「こんまり流お片づけ」のマンツーマン講義を受けてもらいます。その講義を受けるだけでもかなりのインパクトがあるので、ほとんどのお客様は前もって片づけに取り組んでくれます。

なかでもAさん（三〇代）は、私が初めて家に行く前の時点で五〇袋のモノを減らしたかなりの優等生。「もうこれ以上捨てるモノなんて、ないですよ！」と自信満々にクロゼットを見せてくれました。たしかに講義の際に見せていただいた写真に写っていた、引き出しの上に無造作に置いてあった脱ぎっぱなしのセーターはきちんと中に収まり、はちきれそうなほどワンピース類がかかっていたポールには幾分、すき間ができていました。

それでも、ズラリとかかっている洋服から私が取り出したのは、茶色のジャケットとベージュのブラウスの二点。どちらもとてもきれいな状態ですが、未着用の雰囲気ではなく、条件的にはほかの洋服と何も変わりません。

「これは、本当にときめいていますか？」

私が聞くと、Ａさんの顔色がさっと変わりました。

「このジャケット、デザインは大好きなんです。でも、本当は黒い色が欲しかったんですが、サイズが売り切れていて……。それで、茶色のジャケットは持っていないからたまにはいいかなって思って買いました。でもやっぱり、着るとしっくりこなくて、じつは数回しか着ていません」

「このブラウスは、デザインにも素材にも惚《ほ》れてしまって、じつは同じものを二着買ったんです。あまりにもよく着て、一着は着倒してしまったのですが、なぜかそれ以来、なかなか手が伸びないんですよね……」

彼女が服を扱う場面を見たわけでも、もちろん買い物のときの様子を知っていたわけでもありません。私がしたのは、クロゼットのポールにかかっている洋服たちをじっと観察することだけです。

モノをじーっと見つめると、それが持ち主にとってときめくモノなのか、そうでないのかがわかってきます。それは、恋する女性が誰の目から見ても違いがわかってしまうのと同じです。愛する人ができた女性は、彼から受ける愛情そのものはもちろん、自分が愛されているという自信や、彼のためにもっときれいになろうと努力する気持ちがエネルギーとなり、肌はつやめいて瞳はキラキラと輝きを増し、どんどんきれいになっていきます。**モノも同じように、持ち主の愛情のある眼差しを受けてていねいに扱われることで、「この人のために、自分の役割をもっと頑張って果たそう」と、エネルギーにあふれ、いきいきと輝きを増していくのです。**

本当に大切なモノは光っています。だから、本人が本当にときめいているかどうかはひと目でわかってしまいます。ときめきの本音は、持ち主の体にもモノ自体にも宿るので、ますますごまかしがきかないのです。

ときめくモノに囲まれた生活を送ると幸せになれる

人から見たら、「なんでこんなモノを?」と首をかしげたくなるような、でも、自分にとってはどうにもときめいて捨てられないモノ、誰にでもありますよね。

私はそれこそ、毎日のようにいろんな人の「私にとってだけ大切なモノ」に触れていますが、出るわ、出るわ、理解不能なキワモノたち。一〇本の指にすべて違う目玉だけがついた指人形、昔なつかし森永製菓「ぬ〜ぼ〜」の壊れた目覚まし時計、どう見ても木クズにしか見えない流木コレクション……。

私の「と、ときめきますか？」と戸惑いを含んだ問いに、間髪いれず、「ときめきます！」と答えるお客様。その輝きに満ちた真っすぐな眼差しを向けられると、それ以上何もいえません。なぜなら、私にも同じようなモノがあるからです。

私にとってのそれは、「キッコロのTシャツ」。ピンとくる方は少ないと思いますが、キッコロというのは二〇〇五年に開催された愛知万博「愛・地球博」の公式キャラクター。緑色のモリゾーのほうが目立っていましたが、その横の、黄緑色の小さな丸い生き物です。このキッコロの顔の表情部分だけがプリントされているTシャツ、私はこれを部屋着にしています。これだけは「こんなの、持ってて恥ずかしくないの」「そろそろ捨てなよ」と誰になんといわれようと、捨てません。

誤解のないように言っておくと、私はかなり部屋着にはこだわっているほうです。オーガニックコットンの白いセットアップだったり、海外で手に入れたものだったり、もはや外出着よりも気を使っているんじゃないかと思うくらい、気合いの入った部屋着をそろえています。

ただ一つの例外がこのキッコロTシャツ。全体はガチャピンのごとく目の覚めるような黄緑色で、お腹のあたりには点を二つ描いただけのキッコロの目と、ドラ焼きのような形の半開きの口だけがプリントされているなんともゆるいシロモノです。

しかも、タグの部分に一四〇センチと書かれた、完全なるキッズ用Tシャツ。愛知万博が二〇〇五年なので、ずいぶん長く着つづけていることになりますし、しかも、万博自体にたいそうな思い出があるわけでもありません。こう書くだけでものすごく恥ずかしいし、自分でもどうしようもないモノを持っている気になるのですが、実物を見るとやっぱり捨てられない。キッコロのつぶらな瞳にときめきが止まりません。

私の収納は引き出しを開けただけでどこに何が入っているのかひと目でわかるのですが、おすまし顔した部屋着たちがしゃなりと並んでいるなか、ひときわ異色の存在感を放っている様子に、愛《いと》おしさすら感じてしまいます。しかも、困ったことにこのTシャツ、長年着ているのにほとんど型崩れせず、色落ちもせず、捨てる理由がないのです。さすがメイドインジャパン、とタグを確認したら外国製で、日本の万博の公式グッズなんだから日本製にしておこうよと一瞬しらけそうになるのですが、それでもやっぱり捨てられない。

こういうモノは、堂々ととっておきましょう。**誰がなんといおうとこれが好き！これを持っている自分も大好き！と迷いなく言い切れるのであれば、「なんだってこんなモノを……」という他人の視線は無視していいのです。**

正直、キッコロＴシャツを着ている姿は絶対、人に見せられません。けれど、たまに取り出して眺《なが》めては一人で「うふふ」と微笑《ほほえ》みかけたり、お掃除のときに着てみてはお腹のキッコロとともに汗をかきつつ、「次はどこをきれいにしようかしら」と思いをめぐらしたり……。そんな私の小さなときめきのためにこのＴシャツはあるのです。

自分が持っているモノ一つひとつに対して、迷いなく「大好き！」と思えるモノだけに囲まれた生活。これこそが人生最大の幸せだと思うのですが、いかがでしょう。方法は、そうでないモノをただなくすだけ。こんなに簡単に心が満たされる方法はほかにありません。

これを「片づけの魔法」と呼ばずして、いったいなんと呼べばいいのでしょう。

本当の人生は「片づけたあと」に始まる

これまでさんざん片づけについて書き連ねてきましたが、本当は、部屋の片づけなんてしなくてもよいのです。なぜなら、片づけをしなくても死にはしないからです。

実際、世の中には片づけなんかできなくても気にもしない人も大勢いるはずです。でも、そういう人ならこの本を手にとりもしないでしょう。

何かしらのご縁があってこの本を手にとったあなたは、きっと、現状を変えたい、人生をリセットしたい、輝かせたい、もっと今の生活をよくしていきたい、もっと幸せになりたいと考える、きわめて意識の高い人です。

そんなあなたなら、絶対に、片づけができるようになると保証します。

片づけをしようとこの本を手にとった時点で、あなたは一歩を踏み出しています。

この本をここまでお読みいただいたあなたなら、次に何をするべきかわかっているはずです。

人は、そんなに多くのモノを大事にはできません。私なんかはまったくの面倒くさがりやでうっかり者なので、たくさんのモノを大切にすることができないのです。だから、自分にとって本当に大切なモノだけはせめて大切にしたい、だから片づけにこだわって生きてきました。

でも、私は、部屋の片づけなんてさっさと終わらせたほうがいいと思っています。なぜなら、片づけは人生の目的ではないからです。

部屋の片づけは、毎日やらなければならないもの、一生ついてまわるもの。そういう思い込みからは早く目を覚ましてください。断言しますが、片づけは一気に、短期に、完璧に終わらせることができます。

一生ついてまわるものは、「捨てるか残すかを判断すること」、そして「残すと決めたモノを大切にすること」で、今、部屋の中にあるモノの片づけは、一度は完璧に終わらせることができるのです。

こんなに片づけについて年がら年じゅう考えているのは、私と、私と同じように片づけに本気でときめいて、片づけでもっと世の中をよくしていこうという情熱を持つ少数の人たちだけで充分です。

あなたは「あなたが本当にときめくこと」に大いに時間と情熱を注いでください。

それは、あなたの使命といってもいいかもしれません。

あなたが心底ときめく使命を見つけるために、片づけが大いに役立つことを、私は声を大にしていいたいと思います。

本当の人生は「片づけたあと」に始まるのです。

おわりに
――改訂版の出版にあたって――

『先日、片づけしすぎて病院に搬送されました。

朝、目が覚めたら、首から肩にかけてまったく動かず、ベッドから起き上がれなくなってしまったのです。お客様の家で長時間、押し入れの天袋を見上げつづけたせいなのか、重いモノを持ったせいなのか、原因は定かではありませんが、片づけしかしていなかったので、それ以外に原因が思い当たりません。カルテに「片づけしすぎで」と書かれた患者は、おそらくあとにも先にも日本で私一人だけでしょう。

そんな目にあっても、ようやく首が動くようになった私が一番はじめに思ったことは、「収納家具の上段が見上げられるって、なんて幸せなんだろう……」ということでした。』


右の文章は二〇一〇年に、この本の初版のために書いた「あとがき」の冒頭です。

当時の私は、冗談ではなく、片づけのことしか考えていませんでした。

出版後、私の人生は大きく変わりました。

『人生がときめく片づけの魔法』は、予想をはるかに超える反響をいただき、たくさんの方が「片づけ祭り」を実践してくださるようになって、テレビや雑誌などのメディアに出演する機会が増えるようになりました。

さらに、なぜだか海外でも私の片づけ法が関心を持たれるようになり、数年前から日本と海外を行き来するように。今ではアメリカに一時的に住みつつ、夫とともに二人の娘を育てながら仕事をしています。

片づけで人生が変わる。この本でも再三書かせていただいたことですが、まさか私自身、片づけによってここまで人生が変わるとは、さすがに想定外でした。

ただの「片づけのヘンタイ」であり、ひたすら家の中で片づけとモノに向き合うのが好きなだけなのに、なんたってこんなことに……と、自分のおかれた状況についていけず遠い目をする。そのような場面が、何度あったかわかりません。

ただ、それでも変わらないのは、今でも私は片づけの仕事をしている、ということです。

私は、二〇一五年にＴＩＭＥ誌の『世界でもっとも影響力のある一〇〇人』なるものに選出していただいたのですが、正直な話、自分を選んでいただいたという感覚がありません。この栄誉は、私ではなく「片づけ」に対していただいたものだと、本気で思っています。

世界でもっとも影響力があるのは、片づけの魔法の力なのです。

私の今の目標は、世界中の一人でも多くの方に、片づけを終わらせてときめく毎日を手に入れていただくことです。

今回、このタイミングで改訂版を出版したのは、あらためて日本で片づけを終わらせたいと思っている人に何かできることはないだろうか、と考えたときに、私の原点であり、もっとも片づけのモチベーションをあげる効果があるこの本をあらためて紹介するのが、まずは一番効果的な方法だと思ったからです。

もちろん今後は、本以外にも「片づけ祭り」のサポートができる方法を、引き続き考えていきたいと思っています。このあたりは、ぜひ楽しみにしていてください。

片づけの魔法で、一人でも多くの方が、大好きなモノに囲まれたときめきの毎日を過ごせますように。

二〇一九年一月　近藤麻理恵（こんまり）

本書は、二〇一〇年一二月にサンマーク出版より刊行された『人生がときめく片づけの魔法』を一部加筆・修正し、改訂したものです。

近藤麻理恵（こんまり）

片づけコンサルタント。

5歳から『ESSE』などの主婦雑誌を愛読。中学生のときに本格的に片づけの研究を始め、大学在学中の19歳のときにコンサルティング業務を開始し、独自の片づけ法「こんまりメソッド」を編み出す。2010年に出版した初めての著書『人生がときめく片づけの魔法』が世界40カ国以上で翻訳出版され、シリーズ累計1000万部を超える世界的大ベストセラーに。「KONDO」という言葉がアメリカでは「片づける」という意味として使われるようになるなど、社会現象となる。2015年、米『TIME』誌で「世界でもっとも影響力のある100人」に選出され、活躍の場を海外に広げている。2019年よりNetflixにてスタートした冠番組『KonMari—人生がときめく片づけの魔法—』が190カ国で放映されている。

現在は、こんまりメソッドを使った片づけレッスンを提供する「こんまり流片づけコンサルタント」を育成し、日本を含め世界30カ国以上で活躍中。また、片づけを終わらせてときめく毎日を送ることを目的にしたオンラインサロン『人生がときめく片づけの魔法研究室』を主宰している。

オフィシャルサイト　konmari.com/jp
インスタグラム　@mariekondo_jp
オンラインサロン　https://lounge.dmm.com/detail/1591/

人生がときめく片づけの魔法—改訂版—

2019年2月18日　初版印刷
2019年2月28日　初版発行

著　者　近藤麻理恵
発行者　小野寺優
発行所　株式会社河出書房新社
〒151-0051　東京都渋谷区千駄ヶ谷2-32-2
電話　03-3404-1201［営業］　03-3404-8611［編集］
http://www.kawade.co.jp/

組　版　ユノ工房　中尾淳
印刷・製本　中央精版印刷株式会社

Printed in Japan　ISBN978-4-309-28722-5